Rund um den Vierwaldstätter See

Ulrich Tubbesing

Rund um den Vierwaldstätter See

50 ausgewählte Tal- und Bergwanderungen rund um Vierwaldstätter-, Sarner-, Zuger- und Ägerisee

Mit 67 Farbfotos,
50 Wanderkärtchen im Maßstab 1: 50 000 / 1: 100 000
sowie vier Übersichtskärtchen im Maßstab 1: 450 000

BERGVERLAG RUDOLF ROTHER GMBH • MÜNCHEN

Umschlagbild:
Blick von der Rigi Hochflue auf Vierwaldstätter See mit Pilatus (rechts), Stanserhorn und Buochserhorn.

Bild gegenüber dem Titel (Seite 2):
Ruggubelhütte, im Hintergrund die Wände des Laucherenstock.

Alle Fotos vom Autor, ausgenommen die Fotos der Seiten 10, 15, 16, 17, 47, 51, 53, 89 und 99 (Verkehrsverband Zentralschweiz, Luzern)

Kartographie:
© Bergverlag Rudolf Rother GmbH, München
Wanderkärtchen im Maßstab 1: 50 000 / 1: 100 000 gezeichnet von Ingenieurbüro für Kartographie Heidi Schmalfuß, München

1. Auflage 1993

ISBN 3-7633-4044-0

Gesamtherstellung Rother Druck GmbH, München (2341 / 31004)

Vorwort

Die Landschaft rund um den buchtenreichen, kapriziös verschlungenen Vierwaldstätter See bildet das Herzstück der Schweiz. Obwohl von seiner Wasserfläche her nur der viertgrößte, ist der Vierwaldstätter See doch der »schweizerischste« aller Schweizer Seen. Fast ringsum von Bergen umgeben, markiert er sowohl den geographischen Mittelpunkt als auch die Geburtsstätte der Eidgenossenschaft. An seinen Gestaden entstand die älteste Demokratie der Welt, und vielerorts zwischen Luzern und Gotthard stößt man auf ein Stückchen Schweizer Geschichte, auf historisch verbürgtes wie auf dichterisch verbrämtes. Zahlreich sind die Sagen und Legenden, die vom Freiheits- und Überlebenskampf der Menschen in dieser engen Bergregion erzählen. Den Namen hat der See von den vier umliegenden »Waldstätten« Uri, Schwyz, Luzern und Unterwalden, die sich 1291 zunächst ohne Luzern im sogenannten Rütlischwur zum »Ewigen Bund« zusammenschlossen, der Keimzelle der heutigen »Confoederatio Helvetica«.
Den eigentliche Reiz des Gebietes macht der Gegensatz zwischen Bergspitzen und Wasser aus, der zauberhafte Kontrast zwischen Fels, Firn und blauem Seespiegel! Nirgendwo sonst in der Schweiz liegen diese Extreme so nah beieinander. Während der Vierwaldstätter See im Norden sanft hügeliges Mittelland berührt, liegt sein südlicher Arm, der Urner See, fjordartig in eine grandiose Hochgebirgslandschaft eingeschnitten. Ob seiner zahlreichen Steilufer war der Vierwaldstätter See früher ein großes Verkehrshindernis – mittlerweile zählt das Land am Vierwaldstätter See wegen seiner geographisch günstigen Lage nördlich des Gotthard zu den meistbefahrenen Regionen der Schweiz. Auf der Autobahn freilich oder in der Eisenbahn bekommt man von den Schönheiten der Innerschweiz wenig zu sehen. Nur wer die Landschaft erwandert, lernt sie wirklich kennen! Die Möglichkeiten dazu sind Legion: Ein dichtes Netz markierter Wege erschließt dem Wanderer die nähere und weitere Umgebung des Sees. Dazu gehören all die großen Seitentäler samt ihrer vielfältigen Übergänge sowie eine große Anzahl herrlicher Gipfel, von denen sich reizvolle Ausblicke öffnen. Höhepunkte sind die berühmten Aussichtswarten Pilatus und Rigi, bei entsprechender Kondition aber auch der Fast-Dreitausender Urirotstock. Wer es etwas flacher mag, der findet im jüngst angelegten »Weg der Schweiz« rund um den Urner See bzw. in dem daran anschließenden »Waldstätter Weg« von Brunnen bis Seelisberg genau das Richtige.
Die Beschränkung auf 50 Tourenvorschläge bedeutet natürlich, daß nicht alles Empfehlenswerte Erwähnung finden kann. Ich hoffe, daß die Auswahl trotzdem dazu beiträgt, dem Wanderer »das Land Wilhelm Tells« und seiner Nachfahren aus unterschiedlichen Perspektiven näherzubringen.

Bielefeld, im Sommer 1993 — Ulrich Tubbesing

Inhalt

Touristische Hinweise

Geographie

Umgrenzung: Luzern – Reußtal – Zuger See – Hirzel – Sihltal – Sihlsee – Ybrig – Ibergeregg – Muotatal – Bisistal – Klausenpaß – Bergkette südlich des Maderaner Tals – Meiental – Sustenpaß – Gadmental – Hasliberg – Brünigpaß – Lungerer See – Glaubenbüelen – Sörenberg – Tal der Waldemme – Kleine Emme – Emmental – Luzern.
Kantone: Luzern, Zug, Schwyz, Uri, Nidwalden, Obwalden, Bern (westlicher Randbereich).
Seen: Vierwaldstätter See, Zuger See, Lauerzer See, Sarner See, Lungerer See, Ägerisee.
Höchster Gipfel: Titlis (3239 Meter).
Größte Stadt: Luzern (ca. 60 000 Einwohner).

Zum Gebrauch des Führers

Die wichtigsten Informationen zu den einzelnen Routenvorschlägen sind stichwortartig am Beginn der jeweiligen Tourenbeschreibung zusammengestellt. Es folgen eine eingehende Charakterisierung sowie die genaue Schilderung des Wegverlaufes. Grundlage der Schreibweisen und der Höhenangaben bildet die Schweizer Landeskarte im Maßstab 1: 25 000. Das Register am Schluß enthält alle wichtigen im Text vorkommenden Flur- und Ortsnamen, und die Übersichtskarte auf der Rückseite zeigt die Verteilung der einzelnen Wanderziele rund um den Vierwaldstätter See.

Die meisten Gipfel am Vierwaldstätter See sind auf guten Wegen erreichbar.

Am Gipfel des Engelberger Rotstocks; im Hintergrund der Ruchstock.

Anforderungen
Die überwiegende Mehrzahl der vorgestellten Bergwanderungen verlaufen auf gut markierten Wegen.
Stellenweise sind die Wege allerdings steil und manchmal auch ausgesetzt. Einige Touren weisen bereits alpinen Charakter auf, mit weglosem Gelände, kurzen Kletterstellen im ersten Schwierigkeitsgrad oder einfachen Gletscheretappen. Um die Anforderungen besser einschätzen zu können, wurden die einzelnen Tourennummern mit verschiedenen Farben markiert. Diese erklären sich wie folgt:

BLAU
Gut markierte Wege ohne Gefahrenstellen, die auch bei Schlechtwetter noch sicher zu begehen sind; geeignet für Wanderungen mit Kindern.

ROT
Markierte, aber stellenweise ausgesetzte und steile Bergpfade (Drahtseilsicherungen etc.), auf denen Trittsicherheit angezeigt ist. Vorsicht bei Nässe oder Neuschnee!

SCHWARZ
Leichte Bergtouren; spärlich markierte oder weglose Routen; Felspassagen im ersten Schwierigkeitsgrad; Firnfelder oder leichte Gletscheretappen (Titlis); Orientierungsvermögen notwendig;

Alle Bergrouten tragen die rot-weiße Wegmarkierung, wie hier im Pilatusgebiet.

Wegenetz

Das mustergültige eidgenössiche Wanderwege-Netz basiert auf einem einheitlichen Markierungsschema. Es besteht im Kern aus gelben Wegtafel an allen wichtigen Knotenpunkten und Verzweigungen, mit Richtungsanzeigern und Zielnamen, teilweise auch mit Zeitangaben und Höhenangaben des

Standortes. Im Gelände findet man gelbe Rhomben für leichte Wanderrouten und rot-weiße Farbmarkierungen für Bergwege. Diese Unterteilung in Wander- und Bergwege stimmt allerdings nicht immer mit der im Führer vorgenommem Bewertung überein!

Beste Jahreszeit und Wetter

Bedingt durch die ausgeprägte Föhnlage beginnt der Frühling am Vierwaldstätter See zeitiger als in anderen Gebirgsregionen. Bereits Ende April kann man hier vielerorts blühende Obstbäume und bunte Frühlingswiesen erleben, während die weiß verschneiten Berge darüber noch im tiefsten Winter stecken. Für Wanderungen und Touren in Höhen ab 2000 m trifft man in der Regel die besten Bedingungen zwischen Ende Juni und Ende Oktober an. Sowohl zu Beginn wie zum Ende der Saison muß allerdings in der Höhe mit Alt- bzw. Neuschnee gerechnet werden, besonders in schattigen Nordhanglagen. Sie bieten für den schlecht ausgerüsteten Wanderer ein nicht zu unterschätzendes Gefahrenmoment. Die stabilste Schönwetterlage versprechen die Herbstwochen, also von Mitte Oktober bis Ende November. Dann liegt über dem Mittelland und den nördlichn Alpentälern meist eine geschlossene Hochnebeldecke mit Obergrenze von 900 bis 1200 m. Darüber ist die Fernsicht häufig sehr gut, allerdings gehen dabei auch manch bezaubernde Tiefblicke »verloren«!
Auskunft über die Wetterentwicklung gibt vier mal täglich die Vorhersage unter ✆ 162.

Gehzeiten

Die Gehzeiten beziehen sich auf ein durchschnittliches Marschtempo von 4 km bzw. 400 Höhenmeter pro Stunde, ohne Pausen. Ungünstige Verhältnisse wie Nässe oder Neuschnee können den Zeitaufwand beträchtlich vergrößern!

Karten

Wanderkarten 1: 60 000 (Kümmerly+Frey): Luzern, Vierwaldstätter See, Uri, Emmental/Oberaargau.
Landeskarten 1: 25 000: Blatt 1150 Luzern, 1131 Zug, 1132 Einsiedeln, 1152 Ibergeregg, 1151 Rigi, 1172 Muotatal, 1171 Beckenried, 1170 Alpnach, 1169 Schüpfheim, 1189 Sörenberg, 1190 Melchtal, 1191 Engelberg, 1192 Schächental, 1212 Amsteg, 1211 Meiental, 1210 Innertkirchen.
Landeskarten 1: 50 000: Blatt 244 Eschlozmatt, 245 Stans, 235 Rotkreuz, 236 Lachen, 246 Klausenpaß, 256 Disentis, 255 Sustenpaß.

Führer

SAC-Führer: Urner Alpen Ost, Urner Alpen West, Zentralschweizerische Voralpen.

Vierwaldstätter See vom Stanserhorn, links vorn der Alpnacher See.

Wanderführer (Kümmerley+Frey): Eine sehr nützliche Ergänzung zu diesem Auswahlführer sind neben den Schweizer Landeskarten die sehr einfühlsam geschriebenen grünen regionalen Wanderbüchlein des Verlages Kümmerly +Frey. Sie enthalten neben einer Fülle weiterer Wandervorschläge vor allem viel Hintergrundinformation über Sehenswürdigkeiten sowie Ergänzungen zu den zahlreichen geschichtlichen Begebenheiten. Zugerland (in Vorbereitung), Schwyz, Luzern-Pilatus-Rigi, Vierwaldstätter See, Uri, Nidwalden, Obwalden, Entlebuch, Engelberg.

Natur- und Umweltschutz

1. Verpackungsmüll wieder mit zu Tale nehmen!
2. Kein Feuer im freien Gelände, sondern nur auf den dafür eingerichteten Grillplätzen. Bei Föhnsturm ist im Bereich des Urner Sees das Rauchen im Freien – auch innerhalb von Ortschaften – streng verboten.
3. Zur An- und Abreise möglichst öffentliche Verkehrsmittel benutzen! Jeder Ort und jedes Tal ist gut per Bahn oder Postauto erreichbar. Bei Anfahrt mit dem eigenen Auto unbedingt die Fahrverbotstafeln respektieren.
4. Keine Wegabkürzungen im errosionsgefährdeten Gelände!
5. Zelten nur auf ausgewiesenen Campingplätzen.

Bergrettung

Benachrichtigung der Schweizerischen Flugrettungswacht (REGA) unter der ✆ 01/3831111.

Vermißtenmeldung bei der Orts- und Kantonspolizei, ✆ 117.

Auskunft

Verkehrsverband Zentralschweiz, Alpenstraße 1, CH-6002 Luzern; ✆ 041/511891, Fax 041/517260.

Darüber hinaus besitzt jeder größere Ort einen eigenen Verkehrsverein, dessen Telefonnummer in den regionalen Telefonbüchern zu finden ist.

Buochserhorn (links) und Pilatus (rechts) über dem Vierwaldstätter See.

Luzern – Entlebuch

Luzern am nordwestlichsten Zipfel des Vierwaldstätter Sees, eingebettet zwischen sanften Hügeln und dem Ablauf der Reuß, gilt wegen seiner zauberhaften Kulisse mit dem buchtenreichen blauen See und der nahen Alpenkette dahinter als die schönstgelegene Stadt der Schweiz. An klaren Tagen oder bei Föhn scheinen die Berge unmittelbar über den Häusen aufzuragen. Bereits im Jahr 840 wurde Luzern erstmals erwähnt (Luciaria), aber erst 1178 kam es zur Verleihung der Stadtrechte. Nach der Öffnung des Gotthardpasses im 13. Jahrhundert entwickelte sich der Ort rasch zu einem

Die Altstadt von Luzern mit Kapellbrücke (im Sommer 1993 durch Brand schwer beschädigt) und den Museggtürmen.

bedeutenden Umschlagplatz und zu einer blühenden Handelsstadt. Bis ins 19. Jahrhundert hinein erfolgte der Transport von Gütern bzw. der Reiseverkehr Richtung Gotthard von Luzern aus per Schiff bis Flüelen. Auf umgekehrtem Weg erholten sich reiche Kaufleute, Diplomaten, Kuriere sowie Rompilger in Luzern von den Strapazen einer Gotthard-Überquerung. Der eigentliche Fremdenverkehr setzte ab 1850 ein, quasi im »Gefolge« der englischen Königin Victoria, die 1868 hier ihre Sommerferien verbrachte. Der damaligen Naturbegeisterung in Europa kam die ebenso grandiose wie geheimnisvolle Gebirgslandschaft der Innerschweiz aufs beste entgegen, und zu den Höhepunkten einer Schweizreise gehörte ein Sonnenaufgangserlebnis auf den Luzerner Hausbergen Pilatus oder Rigi. Luzern wurde zum Mekka des internationalen Tourismus, Prachthotels entstanden längs der Quaianlagen. Die Stadt avancierte zum Treffpunkt der feinen Gesellschaft des 19. Jahrhunderts. Mit dem Ausbruch des ersten Weltkriegs erfuhr dieser Boom dann ein jähes Ende. Heute blüht der Fremdenverkehr zwar wieder, aber er hat sein Gesicht verändert. Statt des Feudaltourismus bringen jetzt die Individualreisenden sowie die sog. Car-Touristen, sprich Reisegesell-

schaften das Geld. In deren Programm ist Luzern freilich meist nur ein kurzer Zwischenstop in der großen Schweiz-Rundtour. Die mannigfaltigen Sehenswürdigkeiten der mittlerweile 60 000 Einwohner zählenden Innerschweizer Metropole lassen sich auf diese Weise allenfalls streifen; wer sie richtig kennenlernen will, der sollte für mindestens eine Woche herkommen. Weltbekannt ist das Wahrzeichen der Stadt, die überdachte Kapellbrücke über der Reuß mit ihrem markanten Wasserturm aus dem Jahre 1333. Überhaupt gilt Luzern als die Stadt der Brücken und der Türme, neben dem Wasserturm prägen der Rathausturm sowie die Museggtürme die Silhouette der Altstadt. Außer der Altstadt mit ihren Gassen, Brunnenplätzen und historischen Bürgerhäusern sind vor allem noch das Verkehrshaus, das Löwendenkmal und der Gletschergarten zu erwähnen. Natürlich hat Luzern auch kulturell sehr viel zu bieten, genannt seien hier nur die internationalen Musikfestwochen, die alljährlich im August/September die Elite der klassischen Musik an die Reuß bringen.
Was Luzern für den Wanderer so attraktiv macht, ist das gebirgige Hinterland. Damit ist in erster Linie das Entlebuch gemeint, die typisch voralpin geprägte Berglandschaft zwischen Vierwaldstätter See, Emmental, Waldem-

Besonders im Sommer sind Schiffsrundfahrten auf dem Vierwaldstätter See sehr beliebt.

Sörenberg liegt in reizvoller Umgebung im Talschluß der Waldemme.

me und Sarner Aa. Das Aushängeschild dieser Region bildet der Pilatus, 2127 m, der mit seiner unverwechselbaren Klippengestalt wie ein selbstständiges Gebirge ganz und gar die westlichen Gestade des Vierwaldstätter Sees beherrscht. Der Pilatus gehört zum Ortsbild von Luzern wie das Matterhorn zu Zermatt oder der Watzmann zu Berchtesgaden. Die übrigen Kalkgipfel des Entlebuchs stehen von Luzern aus betrachtet hinter dem seilbahnerschlossenen Pilatus und damit touristisch ziemlich in dessen Schatten. Trotzdem oder gerade deshalb empfiehlt sich ein Besuch dieses Berggebietes. Idyllische Seitentäler gibt es zu entdecken, ein reizvolles Formenspiel an Kegeln und Kuppen.

Das Rückgrat des Ganzen bildet ein von NO nach SW verlaufender Gipfelkamm, der zur einen Seite sanft abgedacht ist, auf der Stirnseite jedoch steile Felsabbrüche zeigt. Besonders diese charakteristischen, kilometerlangen Fluen vom Mittaggüpfi (1917 m) bis zum Schafmatt (1979 m) und zum Fürstein (2040 m) prägen das Entlebuch. Eine Bilderbuchlandschaft zum Wandern also, mit markierten Pfaden zu allen bedeutsamen Bergspitzen und einer Reihe reizvoller Übergänge von einem Talsystem ins andere.

1 Rooter Berg

Von Luzern zum Zuger See

Luzern – Dietschiberg – Udligenswil – Michaelskreuz – Buonas

Talort und Ausgangspunkt: Luzern (Bahnhof, 436 m)
Zielpunkt: Buonas, 435 m, Schiffsstation, 30 Min. von der SBB-Station Rotkreuz entfernt.
Gehzeiten: Luzern – Dietschiberg 1 Std., Dietschiberg – Udligenswil 1½ Std., Udlingenswil – Michaelskreuz 1 Std., Michaelskreuz – Buonas 1½ Std., Gesamtzeit etwa 5 Std.
Höhenunterschied: 350 m.
Länge: ca 20 km.
Anforderungen: Leichte Wanderung auf gut bez. Wegen in Alpenvorlandbereich.
Einkehrmöglichkeiten: Restaurants in Adlingswil, Udligenswil und Meierkappel sowie Restaurant Michaelskreuz.

Den nördlichsten Höhenzug am Vierwaldstätter See bildet die Hügelkette des Rooter Berges, die sich vom Stadtrand Luzerns ostwärts bis zu den Ufern des Zuger Sees erstreckt. Neben dem Kulminationspunkt, dem Caren (840 m), trägt dieser nur locker bewaldete Bergrücken zwei weitum bekannte Aussichtspunkte, nämlich den Dietschiberg (623 m) und das Michaelskreuz (Kapelle, 794 m). Der Dietschiberg wird wegen seines reizvollen Panoramas auch »Kleine Rigi« genannt. Er liefert den schönsten Überblick über die Umgebung von Luzern: das

Die steinerne Kapelle auf der Anhöhe Michaelskreuz.

Häusermeer der Stadt mit ihren Türmen und Brücken, ein Stückchen Vierwaldstätter See und dahinter der vertraute Hausberg Pilatus. Reizvoll ist die Längsüberquerung des gesamten Rooter Berges, von Luzern via Dietschiberg und Michaelskreuz bis zur Schiffsstation Buonas am Zuger See.
Vom Bahnhof **Luzern** gelangt man mit der Buslinie Nr. 2 oder zu Fuß längs den Hotelprachtbauten am Schweizerhof- und Nationalquai zur Haltestelle Dietschiberg (Haldenstraße). Dort gibt es zwei ausgeschilderte Anstiege zum **Dietschiberg**: Entweder zu Beginn steil (Treppen) via St. Anna (Spital) und Trachtenmuseum oder neben der stillgelegten Dietschibahn im Tobel des Felsentäli via Gerlisberg (Kloster). Vom Dietschiberg (Golfplätze) führt ein aussichtsreicher Weg nordostwärts nach **Adligenswil**, steigt anschließend ein Stück gegen den Dottenberg an, meidet aber die eigentliche Bergkuppe und zweigt stattdessen beim Gehöft Töbeli rechts ins Götzental ab. Das nächste Etappenziel heißt **Udligenswil**, ein schmuckes Dorf an der sonnigen Südseite des Rooter Berges. Durch den Eggwald geht es weiter zum Hof Hinteregg empor (P.771). Dort hält man sich links, passiert nahe dem Gut Schiffmannshof den kleinen Bildstock am P.777 und wandert über offenes Gelände zur Anhöhe **Michaelskreuz** (P.795) mit der 1974 wiedererrichteten steinernen Kapelle. Weit schweift von hier oben der Blick übers Land: Der Zuger See liegt frei in seiner ganzen Ausdehnung, darüber dominieren Rigi und Rossberg und tief unten glitzert der Flußlauf der Reuß. Sternförmig laufen am Michaelskreuz die Wanderrouten zusammen, absteigend hat man also die Qual der Wahl. Am schönsten ist der Weg durch die Südflanke des Rooter Berges über Meierskappel nach **Buonas** am Zuger See. Niemand sollte hier die Besichtigung der historischen Kapelle St. Germanus oder des alten Schloßes aus dem 11. Jahrhundert versäumen.

2 Pilatus, 2129 m

Von Hergiswil, Alpnachstad, Alpnach, Eigental oder Stansstad auf den Pilatus

Ausgangspunkte:
① Hergiswil, 450 m, Bahnstation;
② Alpnachstad, 440 m, Bahn- und Schiffsstation;
③ Alpnach, 460 m, Bahnstation,
④ Eigental, 1024 m, Busverbindung von Kriens und Luzern;
⑤ Stansstad, 435 m, Bahn- und Schiffsstation.
Gehzeiten: ① 5 Std., ② 5 Std., ③ 5 Std., ④ 4 Std., im Abstieg 3 bzw. 2½ Std.; ⑤ Gesamtüberschreitung etwa 10 Std.
Höhenunterschiede: ① ② ③ 1670 m, ④ 1100 m, ⑤ 2200 m (mit Gegenanstiegen).
Anforderungen: Bergwanderung im alpinen Gelände, bei ⑤ absolute Trittsicherheit und Schwindelfreiheit vonnöten.
Einkehr und Unterkunft: Pilatushotels, Gasthaus Lütoldsmatt, Berggasthaus Gschwänd.

Mit seiner unverkennbaren klippenförmigen Silhouette beherrscht der Pilatus ganz und gar die westlichen Gestade des Vierwaldstätter Sees. Die zahlreichen Spitzen, Einschartungen und Schultern des Berges ragen wie ein selbständiges Gebirge über der Landschaft Luzern empor und bilden das alpine Wahrzeichen der gesamten Region. Um diese so dicht über bewohntem Land aufstrebende Felsbastion ranken sich naturgemäß zahlreiche Legenden. Einst nannte man den Kalkstock sehr anschaulich »Fractus mons«, den gebrochenen Berg. Der heutige Name kam erstmals im 15. Jahrhundert auf und geht auf die Sage vom römischen Statthalter Pontius Pilatus zurück, der hier im inzwischen verlandeten Oberalpsee an der Westseite des Gipfelmassivs seine letzte Ruhestätte gefunden haben soll. Der Berg geriet deshalb in Verruf, der Geist des Pontius Pilatus wurde mit schweren Unwettern in Verbindung gebracht und das Betreten des Gipfelmassivs über lange Zeit hinweg strengstens verboten. Inzwischen ist aus dem einstmals verbotenen Berg eine Säule des Zentralschweizerischen Fremdenverkehrs geworden, durch zwei Bahnen erschlossen, überbaut und gespickt von zahlreichen technischen Einrichtungen. Trotz der Totalerschließung hat das berühmte Pilatus-Panorama, der Blick über die Buchten und Wasserarme des Vierwaldstätter Sees gegen die Nordfront der Schweizer Alpen, nichts von seiner ursprünglichen Faszination verloren.

Ungeachtet der Bahnerschließung sind die Wandermöglichkeiten am Pilatus sehr zahlreich. Aus allen Richtungen führen markierte Anstiege hinauf, leichte zumeist, aber auch solche, die Trittsicherheit und Bergerfahrung voraussetzen. Leider werden gerade am vermeintlich harmlosen Pilatus die Gefahren häufig unterschätzt (Nässe, Neuschnee). Die alljährlichen Unfälle sollten den Besuchern eine Mahnung sein, festes Schuhwerk zu tragen sowie die bezeichneten Wege nicht zu verlassen.

① **Von Hergiswil auf den Pilatus:**

Ausgangspunkt ist der Bahnhof Hergiswil unweit des Seeufers (Wegweiser). Die Beschilderung leitet westwärts zum Dorf hinaus und weist den Weg zwischen Obstgärten hindurch und über Weideland empor zum Bergrestaurant **Brunni** (825 m). (Autozufahrt, Talstation der Gschwänd-Seilbahn). Im Mischwald gehts weiter zur **Alp Gschwänd** (1216 m, Seilbahn von Brunni), einem bemerkenswert schönen Aussichtspunkt mit Rückblick über den See gegen Rigi und Bürgenstock. Durch die rauhe Pilatus-Nordseite mit ihren Schluchten, Türmen und Tobeln steigt der Weg jetzt Kehre um Kehre im Geröll gegen den **Klimsensattel** empor, über dem weithin sichtbar eine neugotische Kapelle thront. Sie stammt aus dem Jahre 1860, als auf dem Klimsensattel ein Hotel eröffnet wurde. Letzteres hat man in den sechziger Jahren abgebrochen, die Kapelle hingegen später vollständig restauriert.

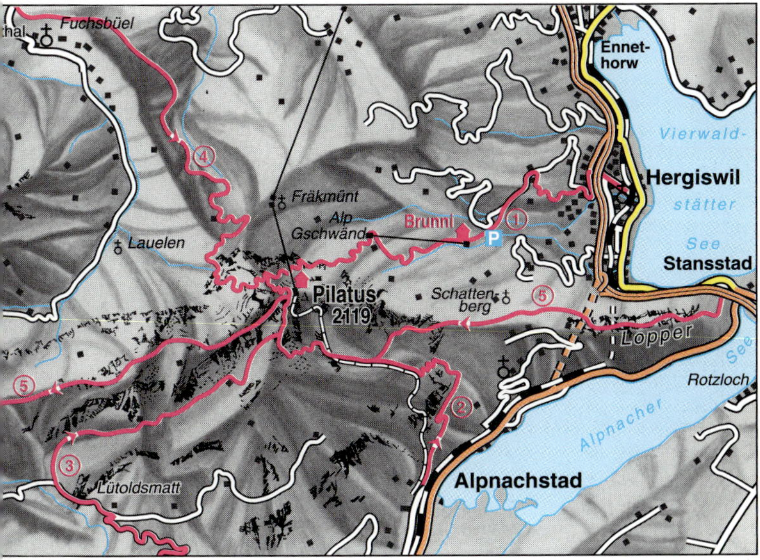

Oberhalb des Klimsensattels gelangt man nach einigen engen Serpentinen durch den natürlichen Felsspalt des »Chriesiloches« mittels einer Metalleiter zum Pilatus-Oberhaupt. Von dort sind es nur mehr wenige Minuten an den Hotelgebäuden vorbei zur weltberühmten Aussichtsplattform auf dem **Pilatus-Esel** (2120 m). Ein halbstündiger Fußweg führt weiter zum **Tomlishorn** (2129 m), dem Kulminationspunkt des Pilatus.

② **Von Alpachstad auf den Pilatus:**
Dieser Anstieg, der über weite Strecken parallel zur steilsten Zahnradbahn der Welt verläuft, erhält seinen besonderen Reiz durch den stetigen Rückblick zum See und durch die geheimnisumwitterten »Chilchsteine«. Der Weg unterquert kurz hinter der Talstation die Bahntrasse, passiert die Liegenschaft Grossrüti und steigt im Längenschwandwald in zahlreichen Kehren wieder zur Bahnlinie empor. Vorbei an der Schiebebühne bei **Ämsigen** (ehemalige Wasserstelle für die früher dampfbetriebenen Loks) erreicht man bald die Mattalp und stößt später, im Sattel unterhalb des Matthorns, auf die eigenartigen Kalksteinblöcke der »**Chilchsteine**« (1865 m). Durch eine weite Geröllmulde geht es schließlich empor zur Scheitelhöhe des Pilatus zwischen Esel und Tomlishorn.

③ **Von Alpnach auf den Pilatus:**
Der älteste Pilatus-Anstieg führt als angenehme, landschaftlich reizvolle Wanderung durchs Tal der Chli Schliere und über weite Alpmatten zum Gipfel. Von Alpnach-Dorf folgt man dem Ufer der Chli Schliere, zweigt bei der Siedlung Hostett rechts ab und gewinnt die Anhöhe Bodenmattli. Weiter oberhalb führt ein Fahrsträßchen bzw. der neu markierte »Franzosenweg« im Mischwald zur Klausen-Kapelle und zur Bergwirtschaft **Lütoldsmatt**. Die nächsten Stationen der Wanderung heißen Alp Schwandi und Alp Langenmatt, von dort leitet der Weg neben dem steilen Tobel des Meisibaches zu den Hütten der Alp **Fräkmünt** (1499 m). Unter den bizarren Felskulissen von Widderfeld, Tomlishorn und Ruessiflue geht es nun über sanftes Weidegelände gegen die »Chilchsteine« empor, wo man auf die vorerwähnte Route trifft.

④ **Aus dem Eigental durch die Pilatus-Nordseite:**
Das Eigental mit seiner eindrucksvollen Pilatus-Kulisse ist das beliebteste Naherholungsgebiet der Agglomeration Luzern. Postautoverbindung besteht vom Bahnhof Luzern, und ab Kriens verkehrt der Trolleybus. Wer trotzdem mit dem Auto anreist, findet am Ausgangspunkt der Wanderung, am Kurhaus **Eigental** (1017 m), eine große Zahl von Parkplätzen. An der Wallfahrtskapelle vorbei führt die gut beschilderte Route über Chräigütsch zum bewaldeten Höchberg und weiter durch den Nätschenwald zur Alp **Ober Lauelen** (1332 m). Hier beginnt der kühn angelegte Heitertannliweg durch die steile Pilatus-Nordflanke. Parallel zum Wildbach schlängelt sich der schmale Pfad zwischen Felstufen und Bändern hindurch bis zum **Klimsensattel**, wo man auf Route ① trifft.

Panoramahotel und Bahnstation unter dem Pilatus-Esel.

⑤ **Höhenwanderung über die Pilatuskette:**
Diese Pilatus-Tour der Superlative vom Alpnacher See bis ins Entlebuch, die alle wesentlichen Pilatus-Gipfel berührt, erfordert ca. 10 Stunden reiner Gehzeit. Man kann auch für den Gipfelanstieg selbst die Seilbahn benutzen oder das Unternehmen auf zwei Tage verteilen und oben in einem der Pilatus-Hotels nächtigen. Startpunkt der Ost-West-Überschreitung ist **Stansstad** (Bahnstation). Zuerst folgt man der Lopper-Route zum geschichtlich bedeutsamen **Renggpaß** (886 m) und erreicht später über eine Schrägleiter die **Tellenfadlücke** (1382 m). Dort weicht der Weg dem immer steiler werdenden Gratverlauf aus, umgeht das Steiglihorn südseitig bis zur Alp Matt und führt schließlich auf Route ② zum **Pilatus-Esel**. Der Übergang zum **Tomlishorn** ist asphaltiert, der weitere Wegverlauf zum Gemsmettli und ums Widderfeld verlangt dagegen an einigen drahtseilgesicherten Passagen solide Trittsicherheit. Am Rot Dossen vorbei erreicht man über ein interessantes Hochmoor bald das bekannte **Mittaggüpfi** (1917 m), das mit einer herrlichen Aussicht ins Entlebuch überrascht. Nächste Station ist die kleine Tripolihütte (keine Übernachtung, kein Wasser) vor dem Gegenanstieg zur **Stäfeliflue** (1922 m). Von der Stäfeliflue geht es nur mehr abwärts, zuerst zum **Risetenstock** (1759 m), der Westschulter der Pilatus-Kette, dann steil im Bergwald hinunter nach Gfellen im Tal der Gr. Entlen (Postautohaltestelle).

3 Fürstein, 2040 m

Zum höchsten Gipfel zwischen Waldemme und Sarner See

Glaubenbergpaß / Stäldili – Fürstein

Talort: Schüpfheim, 730 m, SBB-Station; Flühli, 883 m, Postautoverbindung von der SBB-Station Schüpfheim.
Ausgangspunkte: Glaubenbergpaß, 1543 m, Straße von Schüpfheim bzw. Sarnen. Restaurant Stäldili, 1373 m, Straße von Flühli, zu Fuß 2 Std.
Gehzeiten: Glaubenbergpaß – Fürstein 2½ Std., im Abstieg 1½ Std., Flühli – Stäldili 2 Std., Stäldili – Fürstein 2½ Std., im Abstieg 1½ Std.
Höhenunterschied: Glaubenbergpaß – Fürstein 500 m, Stäldili – Fürstein 670 m, Flühli – Fürstein 1160 m.
Anforderungen: Leichte Bergwanderung auf markierten Routen, festes Schuhwerk.
Einkehr: Restaurant Stäldili (geöffnet von Juni bis Oktober).

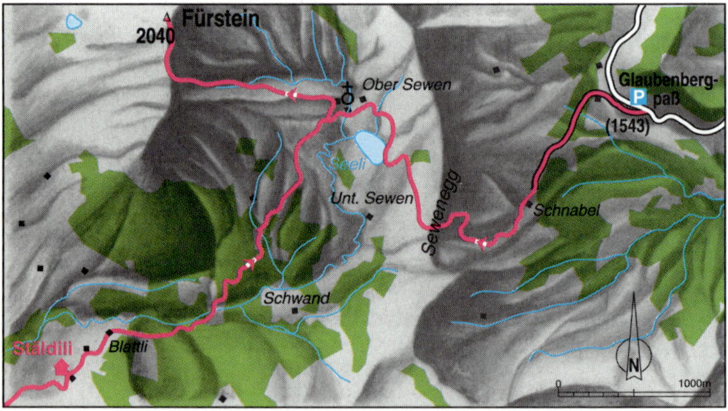

Zu den bekanntesten Aussichtsbergen des Entlebuchs zählt der Fürstein, die höchste Erhebung zwischen Waldemme und Sarner See. Von Pilatus und Brienzer Rothorn gleich weit entfernt, gewährt der Fürstein einen Rundblick, der vom Säntis im Osten bis zu den Waadtländer Alpen im Westen reicht. Auch der Aufbau des Fürstein ist interessant und charakteristisch für die ganze Gegend. Einer weich geformten Südostflanke steht an der Stirnseite ein schroffer Felsabbruch gegenüber, was von weitem gesehen das typische Bild eines Pultdaches entstehen läßt. Als Bergwanderer fühlt man sich zur Besteigung dieses Gipfels geradezu herausgefordert, zumal auch die Verkehrsverhältnisse rund um den Fürstein sehr günstig sind. Im Osten führt die Glaubenbergstraße dicht an den Bergstock heran, und im Westen bietet sich mit dem hochgelegen Gasthaus Stäldili ein weiterer vorzüglicher Ausgangs-

Die Nordflanke des Fürstein im herbstlichen Neuschnee.

punkt. Die beste Jahreszeit am Fürstein ist für den Panoramaliebhaber der Herbst, für den Blumenfreund jedoch der Frühsommer, wenn die Alpenrosen an der Ostabdachung in voller Blüte stehen!

Vom Glaubenbergpaß:

Von der Paßhöhe (1543 m, Parkplätze) führt der beschilderte Wanderweg anfangs südwestwärts auf einem Alpsträßchen nach Schnabel und zieht in einer großen Kurve zum Ausläufer des **Sewenegg** empor (P.1749). Dort kann man den weiteren Routenverlauf sehr schön überblicken: Zuerst das horizontale Wegstück zum Sewensee und zur kleinen Kapelle auf **Ober Sewen** (1717 m), dann der Anstieg am breiten Kammrücken zum P.1994 und schließlich der gänzlich ungefährliche Übergang über den begrasten Südgrat zum **Gipfel**. Leider wird dieser ideale Zugang zum Fürstein im Herbst gelegenlich durch das Militär behindert (nicht an Wochenenden). Man beachte deshalb sorgfältig die Schießanzeigen am Glaubenbergpaß!

Von Stäldili:

Das Berggasthaus Stäldili (1373 m) ist nur im Sommer (Juni bis Oktober) geöffnet, die Stäldili-Straße kann jedoch je nach Witterung das ganze Jahr hindurch befahren werden. Zu Fuß erreicht man Stäldili ab Flühli durchs idyllische Rotbachtal in gut zwei Stunden. Von dort führt ein bez. Weg rechts über Weiden empor nach Blattli (1446 m) und weiter im Wald durch teilweise sumpfiges Gelände (Knüppeldamm) zur Kapelle auf **Ober Sewen** (1717 m). Nun auf der Glaubenbergpaß-Route zum Gipfel.

4 Schimbrig, 1816 m

Aussichtsberg mit Schwefelquelle

Hasle – Schimbrig Bad – Schimbrig – Schimbrig Bad – Gfellen

Ausgangspunkt: Hasle, 710 m, SBB-Station.
Zielpunkt: Restaurant Gfellen (1100 m) im Groß Entlen Tal, Postautohaltestelle.
Gehzeiten: Hasle – Schimbrig Bad 3½ Std., Schimbrig Bad – Schimbrig 1 Std., Schimbrig – Schimbrig Bad ½ Std., Schimbrig Bad – Gfellen 1½ Std.

Höhenunterschied: 1300 m (mit Zwischenabstiegen).
Anforderungen: Trittsicherheit, feste Bergschuhe.
Einkehrmöglichkeit: Schimbrig Bad (in den Sommermonaten), Gfellen.

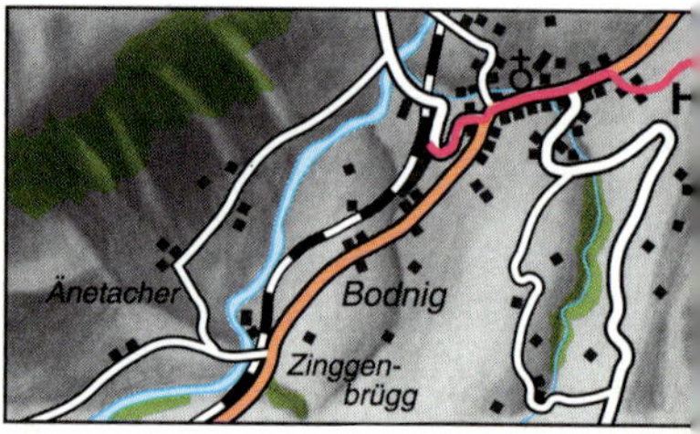

Der Schimbrig bildet geografisch wie geologisch die westliche Fortsetzung der Pilatuskette. Jäh steigt seine schmale Gratschneide aus dem welligen Alpenvorland empor, wobei der Berg nordseitig mit imposanten Felsabstürzen beeindruckt. Die sanftere Südflanke ist indes bis zum Gipfelgrat bewachsen und erlaubt dem Wanderer einen gefahrlosen Anstieg. Der Zugang erfolgt in der Regel von Südwesten, wo das einstmals glanzvolle Schimbrig Bad mit der schwefelhaltigen Heilquelle einen besonderen Reiz auf die Besucher ausübt. Vom mondänen Kurbetrieb mit Schwefelbad und Hotel ist zwar heute nur ein sommers geöffnetes Alprestaurant geblieben, aber die berühmte Schwefelquelle sprudelt noch immer!
Der kürzeste Weg zum Schimbrig beginnt bei Gfellen im Tal der Groß Entlen. Einer der längsten, aber auch erlebnisreichsten Zustiege nimmt dagegen in Hasle im Entlebuch seinen Ausgang. Dank guter Verkehrsverbindungen lassen sich beide gut miteinander kombinieren.
In **Hasle** wartet als erste Sehenswürdigkeit eine 400 Jahre alteTotenkapelle mit dem berühmten Totentanzmotiv. Der gut beschilderte Wanderweg führt ostwärts zum Dorf hinaus, biegt von der Hauptstraße links ab und erreicht via Vorder und Hinter Frauental das Gut **Dürrenegg** (875 m) hoch über dem tief eingeschnittenen Entlentobel. Nach einem kurzen Zwischenabstieg zum Gretenbach im kühlen Waldgrund geht es bergan zu den einsamen Höfen von Nachzel und weiter durch das feuchte, sog. »Hornbüelloch« zur Anhöhe des **Schwarzenbergchrüz** (1173 m). Hier öffnet sich ein stimmungsvoller Ausblick nach Süden, zu der langen Pilatuskette, zu den Felstürmen des Schafmatt und zur mächtigen Schrattenflue. Ein Fahrsträßchen leitet nun hinunter nach Angstboden im Talgrund der Kleinen Entlen (1060 m) und auf der anderen Seite wieder aufwärts bis **Neuhütte** (1240 m). Der Schimbrig ist

mitterweile zur beherrschenden Figur geworden, breit und schroff steht seine felsdurchsetzte Nordflanke vor dem Betrachter. Man sieht freilich auch schon die »schwache Stelle«, nämlich den flach abstreichenden SW-Rücken. Der eigentliche Gipfelanstieg beginnt wenig später beim **Schimbrig Bad** (1423 m), wo der beschilderte Pfad rechts der Weide zum Wald verläuft und darin in vielen spitzen Kehren die Kammhöhe am P.1624 gewinnt. Zuletzt leitet ein schmaler Weg auf der Gratkante zum **Gipfelkreuz** (1816 m). Dort oben bekommt man an klaren Tagen viel zu sehen: Die benachbarten Entlebucher Gipfel einschließlich Pilatus zeigen sich von ihrer besten (Schmal-) Seite, nach Süden reicht der Blick bis zu den Viertausendern der Berner Alpen, und zur anderen Seite gibt es sieben Schweizer Seen zu entdecken. Der kurze luftige Übergang zum Hengst (1808 m) beschert zudem noch einen jähen Tiefblick ins Tal der Groß Entlen. Absteigend wendet man sich ab Schimbrig Bad nordostwärts und gelangt auf gutem Weg über offenes Weidegelände bald zum Parkplatz **Stilaub** an der Glaubenbergstraße (1015 m), wenige Minuten unterhalb der Postautohaltestelle beim Restaurant **Gfellen** (1100 m).

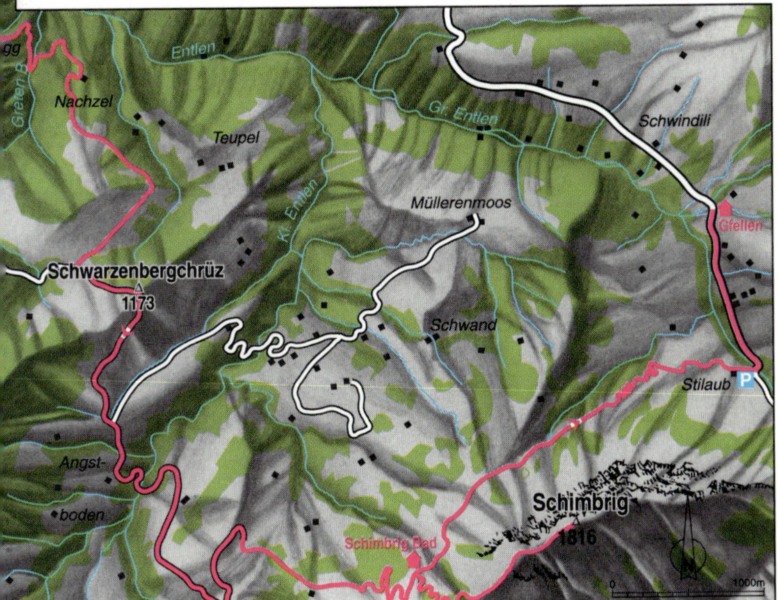

5 Jänzi, 1738 m

Stille Wanderung zwischen Großschlierental und Sarner See

Stalden – Arben – Jänzi – Langis – Arben – Stalden

Talort: Sarnen, 460 m, Kantonshauptort von Obwalden, SBB-Station, Busverbindung in alle umliegenden Ortschaften.
Ausgangspunkt: Stalden (790 m), Postauto ab Sarnen; mit dem PKW besteht Zufahrtmöglichkeit bis Arben, 1055 m, (wenig Parkmöglichkeiten).
Gehzeiten: Stalden – Arben 1½ Std., Arben – Jänzi 2 Std., Jänzi – Langis 1½ Std., Langis – Arben 1½ Std., Arben – Stalden 1 Std.
Höhenunterschied: 950 m.
Anforderungen: Einfache Wanderung im Wald- und Wiesengelände.
Einkehrmöglichkeiten: Sporthotel Langis (1432 m).

Wegen der Nähe zum Pilatus-Massiv wenig beachtet, bildet der bis unter den Gipfel bewaldete Jänzi südlich des Großschlierentals so etwas wie einen Geheimtip für Freunde stiller Bergwanderungen. Das Besondere am Jänzi ist die parkähnliche Landschaft an seiner Südseite. Weite Alpflächen mit eingestreuten Bauernheimwesen, dunkle Waldzonen und blumenreiche Wiesen ehemaliger Hochmoore bringen viel Abwechslung in diesen ausgesprochen angehmen Aufstieg. Am schönsten sind jedoch die zauberhaften Rückblicke zum Sarner See, die den Wanderer während der Tour begleiten.
Bester Ausgangspunkt ist **Stalden** (790 m) am Schwendiberg oberhalb des Sarner Sees. Wegen der begrenzten Anzahl an Parkplätzen tut man gut daran, von Sarnen mit dem Postauto heraufzufahren. Bei der Post Stalden

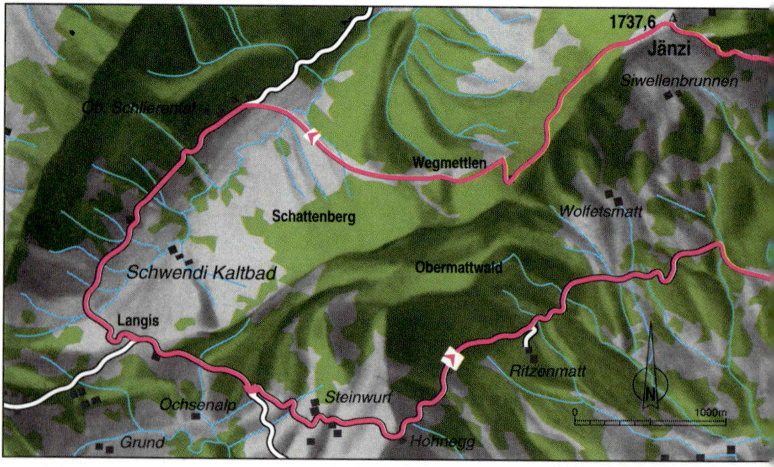

Bauernheimwesen in Arben an der Nordseite des Jänzi.

zeigt ein vielarmiger Wegweiser, wie es weitergeht. Abseits der Alpsträßchen führt die Route zumeist über offenes Weidegelände via Obstalden und Arben mit kurzen, schattigen Waldpassagen nach **Staldimatt** (1250 m). Ein kurzes, steiles Wegstück leitet zum Waldrand empor und zum Voreggboden, einem ehemaligen Moorgebiet, das mit Blumenpracht und Mückenplage Freud und Leid dicht beieinander bereit hält. Weiter oben erreicht man inmitten ausgedehnter Alpflächen die **Chäserenalp**, wo ein Hund den Besuchern unfreundlich entgegenbellt. Hinter dem zweiten Gatter hat man wieder seine Ruhe, folgt dem breiten Wirtschaftsweg zum Waldrand und gelangt nach einigen Kehren und einer steilen Bergwiese vollends zum **Jänzi** empor. Auf der Bank unter dem riesigen Holzkreuz läßt es sich vortrefflich rasten. Der Blick richtet sich auf die Südseite der Pilatuskette, zum Alpnacher See mit dem kegelförmigen Stanserhorn darüber oder südwärts auf die firnumlagerten Spitzen der Urner und Berner Alpen. Wem der Sinn nach einer Überschreitung steht, der bummelt von Jänzi westwärts hinab nach Schwendikaltbad (1440 m) im Großschlierental und kehrt via Langis (Sporthotel, 1432 m) und Hohnegg nach Arben bzw. Stalden zurück.

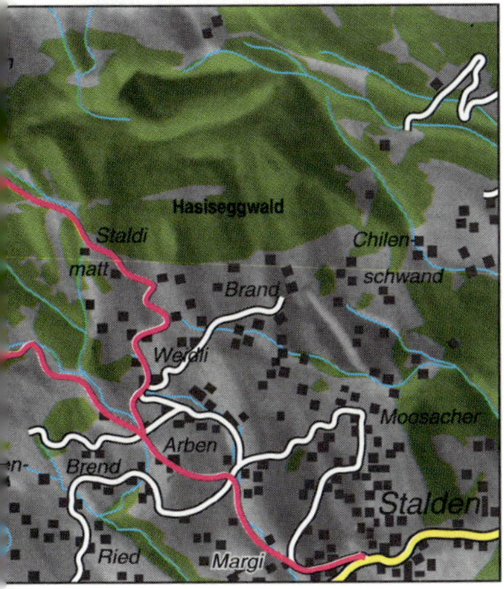

6 Sattelpaß, 1589 m

Übergang vom Entlebuch nach Obwalden

Flühli – Sattelpaß (– Bärenturm) – Sattelpaß – Giswil

Ausgangspunkt: Flühli, 884 m, im Tal der Waldemme, Postautoverbindung von der SBB-Station Schüpfheim.
Endpunkt: Giswil, 483 m, im Sarner Tal, SBB-Station.
Gehzeiten: Flühli – Sattelpaß 2½ Std., Sattelpaß – Bärenturm ½ Std., Sattelpaß – Giswil 2½ Std.
Höhenunterschied: Flühli – Sattelpaß 700 m, Sattelpaß – Bärenturm 200 m.
Anforderungen: Einfache Bergwanderung.
Einkehrmöglichkeit: Am Wanderweg keine.

Der Sattelpaß vermittelt den ältesten Übergang aus dem Entlebuch nach Obwalden. Vormals besaß die Paßroute fürs Entlebuch eine große alpwirtschaftliche Bedeutung, heute wird sie vorwiegend von Wanderern benutzt. Der durchgehend markierte Paßweg führt durch eine weich geformte, waldreiche Voralpenregion, und notorische Gipfelsammler finden an der Paßhöhe Gelegenheit zu einem Abstecher auf den knapp 1800 m hohen Bärenturm. Die Route nimmt ihren Ausgang in Flühli, der von stattlichen Kalkgipfeln umrahmten Gemeinde im Tal der Waldemme. Der Zielort Giswil in Obwalden liegt demgegenüber auf dem bretteben Schwemmboden dreier Berggewässer am Südende des Sarner Sees. Besondere Attraktion der Tour sind darüber hinaus die Schwefelquelle bei Chargen sowie die stürzenden Wasser im Chessiloch unterhalb der Schwändiliflue.

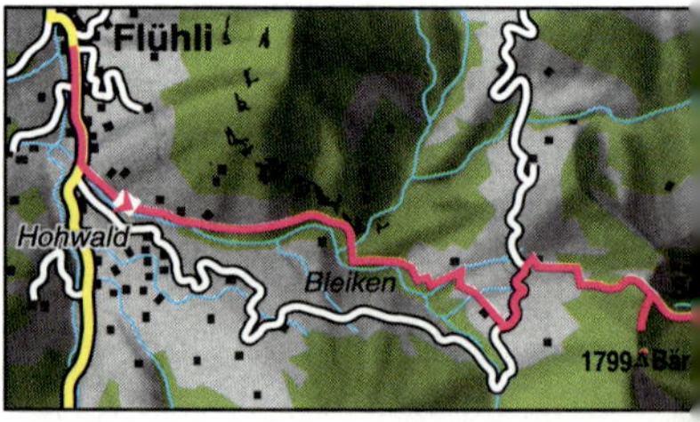

Den Auftakt bildet ein bequemer Spaziergang am östlichen Ufer der Waldemme bis zur Einmündung des Rotbaches. Das Rotbachtal trennt die mächtigen Kalkabbrüche der Schwändiliflue im Norden von dem bewaldeten Rücken des Bleikenchopf im Süden. Man bleibt stets am nördlichen Bachufer, passiert die Hütten von **Chargen** (1002 m) sowie den Abzweig zur nahen Schwefelquelle und erreicht schließlich den idyllisch gelegenen Picknickplatz im Chessimättli. Unüberhörbar ist hier das Brausen der Wasser im **Chessiloch**, einer nahen Felsschlucht dicht am Weg. Die Paßroute selbst führt über eine Brücke ans südliche Bachufer und steigt allmählich im Wald an Eggli vorbei bis zur Alp Holzhack bergan. Wenig später trifft man auf die Ständilistraße, folgt dieser etwa 200 Meter bergwärts, und nimmt bei der nächsten Abzweigung den Weg rechts empor über die Schaftelenmoos Alp zum **Sattelpaß** (1589 m). Der plätschernde Brunnen steht hier für Wanderer

Typische Berglandschaft des Entlebuch mit Fürstein, Schafmatt und Stäfeliflue.

gerade recht, und der schöne Ausblick nach Osten in die Unterwaldener Alpen lädt zum Verweilen ein. Noch umfassender ist die Sicht allerdings vom leicht erreichbaren Bärenturm (1799 m) knapp südlich der Paßhöhe. Auf der Obwaldener Seite ist die Sattelpaß-Route mittlerweile zu einem Gütersträßchen ausgebaut worden, das durch eine abwechslungsreiche Wald- und Weidelandschaft mit wenig Gefälle südostwärts nach Hohnegg (1228 m) hinabzieht. Ein Waldweg leitet weiter abwärts bis **Hinterbrenden** (869 m), wo sich auf einer Lichtung ein überraschender Einblick ins Sarner Tal öffnet. Über eine Hangstufe geht es etwas steiler hinab zum Grundwald und zuletzt auf ebenem Talboden durch den Weiler Großteil zur SBB-Station Giswil.

7 Hagleren, 1949 m

Kammwanderung von Sörenberg nach Flühli

Sörenberg (– Nünalpstock) – Hagleren – Flühli

Ausgangspunkt: Sörenberg, 1000 m, Bus von der SBB-Station Schüpfheim.
Zielpunkt: Flühli, 883 m, Postautoverbindung nach Schüpfheim und Sörenberg.
Gehzeiten: Sörenberg – Hagleren 2 Std., Sörenberg – Nünalpstock 2 Std., Nünalpstock – Hagleren ¾ Std., Hagleren – Flühli 2 ½ Std.
Höhenunterschied: 800 m, mit Abstecher zum Nünalpstock 900 m.
Anforderungen: Einfache Bergwanderung, der Abstecher zum Nünalpstock erfordert Trittsicherheit und Schwindelfreiheit.
Einkehrmöglichkeit: Keine.
Variante: Für Autofahrer führt der kürzeste Hagleren-Anstieg von der Stäldilistraße durch die Nordflanke. Parkmöglichkeiten beim Wegweiser unter dem Wald des Bleikenchopfes.

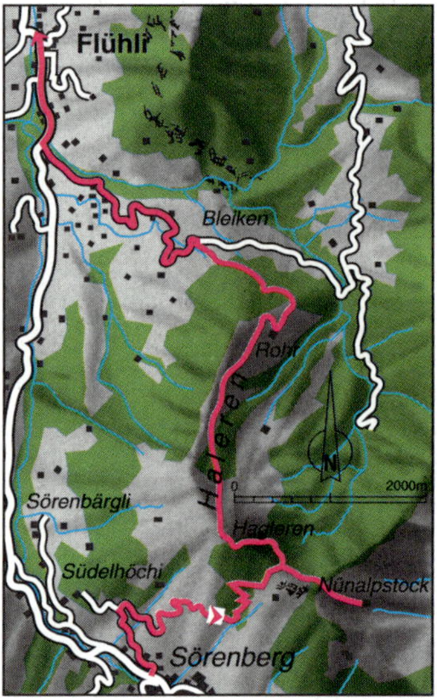

Der schönste Weg vom Wintersportzentrum Sörenberg im hinteren Tal der Waldemme nach Flühli führt über den Höhenzug des Hagleren. Dieser typische Flyschberg des Entlebuchs markiert den südwestlichsten Eckpfeiler der Gipfellandschaft zwischen Waldemme, Sarner Tal und Vierwaldstätter See. Von der Form her weniger respekterheischend als das berühmte Brienzer Rothorn oder die schroffe Schrattenflue bildet der Hagleren mit seinen bis weit hinauf bewaldeten Hängen und seinem sanft abstreichenden Gipfelkamm ein ideales Terrain für unbeschwertes Wandern. Nur die unmittelbar über Sörenberg aufragende Südflanke ist steiler, aber auch hier sorgen gut angelegte Wege dafür, daß der Anstieg nicht zu einer Strapaze ausartet. Wer es einrichten kann, sollte im Vorsommer kommen, dann stehen nämlich die roten Alpenrosen und gelben Trollblumen in voller Blüte.

Der Wegweiser an der Kirche in Sörenberg (1159 m) zeigt zwei Anstiegsvarianten zum Hagleren. Beide sind gut begehbar, die über **Satz** hat aber den Vorteil, daß Gipfelsammler noch den benachbarten Nünalpstock mitnehmen können. Auf bequemen Alpwegen geht es zu den Häusern der Alpweid (1290 m) und weiter in langer Querung nach Osten zur Alp **Satz** (1425 m).

Blick vom Nünalpstock hinüber zum Hagleren (hinten links die Schrattenflue).

Hier beginnt ein steiler Bergpfad, der kehrenreich zur Hütte von Obersatz (1620 m) führt. Ein letzter Blick in den Talkessel von Sörenberg, dann verschwindet der Pfad im dichten Wald und steigt allmählich zur Kammhöhe empor, die man schließlich im Sattel **P.1800** zwischen Hagleren und Nünalstock erreicht. Insgesamt gut 45 Minuten sind von hier für den Abstecher zum **Nünalpstock** (1901 m) zu veranschlagen, aber die Sache lohnt sich! Die stellenweise leicht exponierte Pfad führt unmittelbar an der geologisch interessanten Abbruchkante des Bergsturzes von 1910 entlang, und oben am schlichten Holzkreuz zeigt sich der Hagleren nebenan von seiner besten Seite. Nach der Rückkehr vom Nünalpstock folgt man dem breiten, mit Heidesträuchern bewachsenen Verbindungskamm hinüber zum Hagleren. Eine Bank unterm **Gipfelkreuz** gibt Gelegenheit zu einer längeren Rast, mit Blick hinab auf Sörenberg oder zum Brienzer Rothorn mit den Viertausendern der Berner Alpen am Horizont. Wer sich sattgesehen hat, bummelt auf der Höhe des flachen Bergrückens nordwärts durch eine stille Hochmoorlandschaft hinüber zum **Bleikenchopf** (1681 m). Von dort leitet die Route über die bewaldete Bergkante hinab zur Alp Rohr (1524 m). Markierungssteine zeigen den weiteren Wegverlauf: Über die Weide links am Waldrand entlang und dann im rauhen Gehölz abwärts zum **Bleikenboden**, wo man beim P.1159 auf die Städilistraße trifft. Parallel zum Teersträßchen gelangt man (mit Abkürzungen) hinunter zur **Rotbachbrücke** (915 m) und trifft wenig später in Flühli ein.

8 Farneren, 1572m

Ein typischer Flyschberg des Entlebuchs

Schüpfheim – Heiligkreuz – Farneren – Flühli

Ausgangspunkt: Schüpfheim, 719 m, SBB-Station.
Zielpunkt: Flühli, 883 m, Postauto von Schüpfheim.
Gehzeiten: Schüpfheim – Heiligkreuz 1 Std., Heiligkreuz – Farneren 1½ Std., Farneren – Flühli 2½ Std.
Höhenunterschied: 860 m.
Anforderungen: Einfache Bergwanderung, leichtes Schuhwerk!
Einkehrmöglichkeit: Kurhaus Heiligkreuz (1127 m).

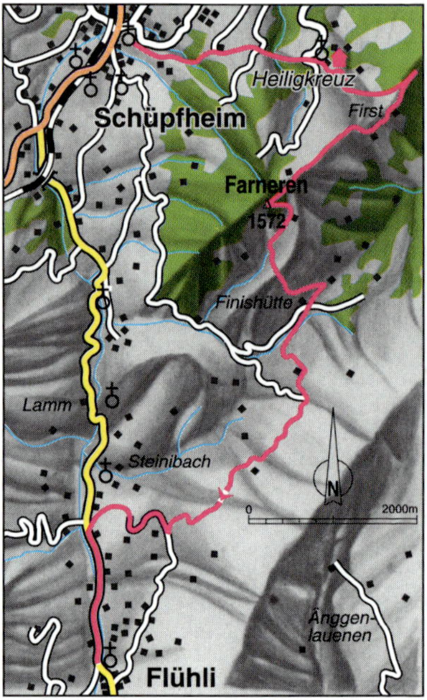

Es sind nicht nur die bizarren Kalkklippen des Pilatus oder der Schrattenflue, die das Erscheinungsbild des Entlebuchs prägen, sondern auch die sanft ausmodellierten, grünen Kuppen und Höhenzüge zu beiden Seiten der Kleinen Emme. Sie verleihen der stark zersiedelten Landschaft jenen Bilderbuchcharakter, die allgemein als typisch schweizerisch empfunden wird. Einer dieser für das Entlebuch so charakteristischen Flyschberge ist der Farneren, bewaldet bis obenhin, aber mit kahler Gipfelkappe. Sein Besuch zählt zu den dankbarsten Wanderungen im Entlebuch. Unterwegs passiert man zahlreiche hübsche Aussichtspunkte sowie die bekannte Wallfahrtskapelle Heiligkreuz, deren Geschichte bis ins Mittelalter zurückreicht. Der direkte Anstieg von Schüpfheim via Stolen ist nicht empfehlenswert, er eignet sich eher für den schnellen Rückweg. Wer Zeit hat, sollte von der Höhe des Farneren südwärts über grüne Weidehügel ins Tal der Waldemme hinabwandern und von Flühli mit dem Postauto wieder zum Ausgangspunkt zurückkehren.

Der erste Hinweis auf Heiligkreuz findet sich bereits an der SBB-Station in **Schüpfheim**. Man durchquert den Dorfkern und folgt von der Kirche ab dem Pilgerweg bergwärts. Während Schüpfheim und der Talboden um Escholzmatt mehr und mehr zurückbleiben, tauchen nacheinander die verschiedenen Pilgerstationen am Wegesrand auf. Nach einem Steilstück im Wald erreicht man den Hof **Schnabel** (989 m) und steht bald darauf vor der renovierten Kirche **Heiligkreuz (1127 m)**, der bekanntesten Wallfahrtsstätte des Entlebuch. Neben der Kirche gibt das 1985 neu erbaute Kurhaus Gelegenheit zur Einkehr. Zwei Weg-Fortsetzungen bieten sich jetzt an, die über Reistegg und die über First. Letztere ist etwas länger, aber auch bequemer und aussichtsreicher. Im weit ausholenden Bogen gewinnt man auf Forststräßchen die Scheitelhöhe des nordwestlichen Farneren-Ausläufers, folgt dem freien Weidekamm zum Absatz beim Skihaus **First** (1430 m) und ersteigt schließlich den letzten grasigen Steilaufschwung zum **Ober Farneren** (1572 m). Weit schweift der Blick über die Höhenzüge des Entlebuch. Pilatus, Schimbrig und Schafmatt stehen im Süden Spalier, und im Einschnitt der Waldemme sind zwischen Schrattenflue und Brienzer Rothorn sogar Eiger, Mönch und Jungfrau zu entdecken. Vom Gipfelkreuz geht es zurück in den Sattel vor dem obersten Aufschwung. Ein ausgeschilderter Weg leitet hier rechts hinab zur Ober Längegg und über den Weiderücken hinweg zur kleinen Kapelle (1252 m) an der neuen Asphaltstraße Richtung Finishütte. Jetzt folgt ein kurzer Gegenanstieg nach Bargelen (1320 m), ehe man am Fuße der Baumgartenflue über die Baumgarten Alp nach **Salzbüel** (1202 m) weiterwandert. Ein bezaubernder Blick in den Talboden von Flühli kündigt bereits das nahe Ziel an. Zuvor ist aber noch ein bewaldeter Geländebuckel nach Glashüttenrain zu umrunden, ehe man auf der alten Flühlistraße ins Dorf gelangt.

Der Weg zum Farneren führt an der Wallfahrtsstätte Heiligkreuz vorbei.

9 Mittaggüpfi, 1916 m

Auf den Spuren der Pilatussage

Schwarzenberg – Mittler Stäfeli – Mittaggüpfi – Alp Stafel – Eigental

Ausgangspunkt: Schwarzenberg, 840 m, Postauto von der SBB-Station Malters; eventuell Alprestaurant Stäfeli, 1280 m, Natursträßchen von Schwarzenberg (nur wenige Parkplätze).

Zielpunkt: Eigental, 1025 m, Postautoverbindung nach Luzern.

Gehzeiten: Schwarzenberg (Post) – Mittler Stäfeli 1½ Std., Mittler Stäfeli – Mittaggüpfi 1½ Std., Mittaggüpfi – Alp Stafel 1 Std., Alp Stafel – Trochenmattegg – Mittler Stäfeli 1 Std., Alp Stafel – Eigental (Post) 1 ½ Std.

Höhenunterschied: Ab Schwarzenberg 1100 m, ab Mittler Stäfeli 650 m.

Anforderungen: Für die Überschreitung Risetenstock – Mittaggüpfi sind Trittsicherheit, Schwindelfreiheit und Ausdauer erforderlich; ansonsten einfache Bergwanderung.

Einkehrmöglichkeit: Stäfeli; (Tripolihütte nur Unterstandshütte).

Das Mittaggüpfi ist der bekannteste Berg im hinteren Pilatusgebiet. Fast alle Gelehrten der alten Eidgenossenschaft haben den Gipfel aufgesucht, führt der Weg doch am geheimnisumwitterten Pilatussee auf der Oberalp vorbei, der vermeintlich letzten Ruhestätte des Pontius Pilatus. Heute interessieren sich die Besucher allerdings mehr für die vielgepriesene Rundsicht über die Gipfellandschaft des Entlebuch. Früher hieß der Berg Gnepfstein, benannt nach einem großen Wackelfelsen am Gipfel, der irgendwann menschlichem Übermut oder einem Sturm zum Opfer fiel. Der jetzige Name weist auf einen Stundenzeiger der Bergwelt hin, für den Ort Malters im Entlebuch z.B. steht die Sonne über dem Mittaggüpfi genau im Zenit.

Neben dem Eigental gilt Schwarzenberg als schönster Ausgangspunkt für das Mittaggüpfi. Die offene, kuppenreiche Alplandschaft um Schwarzenberg bildet einen herrlichen Kontrast zur langgestrecken Pilatuskette im Hinter-

Steil ragt das Mittaggüpfi mit seiner felsigen Nordflanke über dem Eigental empor.

grund. Wer mit dem Auto kommt, kann auf schmalen Natursträßchen bis zur Mittler-**Stäfeli** fahren (1280 m, Alpwirtschaft). Ansonsten startet man bei der Postautohaltestelle am Hotel Rössli, folgt den Wegzeichen über die Bömmerenbrücke zur Liegenschaft Bömmeren (Kapelle) und wandert im idyllischen Giesbachtal bis zur Mittler Stäfeli. Schwindelfreie können ab hier den reizvollen Umweg über Risetenegg, Risetenstock und Stäfeliflue nehmen. Der direkte Aufstieg vom Mittler Stäfeli zum Mittaggüpfi ist dagegen weniger ausgesetzt. Zunächst verläuft die markierte Route ein Stück gegen das Trochenmattegg, zweigt aber bald im Wald rechts ab und windet sich weiter oben in geschickter Ausnutzung der Grasbänder und Felsstufen durch die steile Nordflanke des Mittaggüpfi bis zum Sattel westlich des Gipfels empor. Der **Gipfel** selbst besteht aus einer eigentümlichen Anhäufung rundlicher Felsblöcke, die bei trockenem Wetter einen herrlichen Rastplatz abgeben. Der Abstieg führt in der sanften Ostflanke zum botanisch interessanten Hochmoor am Nätsch und leitet in einer kurzen Hangstufe links hinab zur **Oberalp** (1548 m) mit dem ehemaligen Pilatussee. Von der Oberalp gehts nordwärts zur Frutt (P.1616) und weiter durch einen steilen Felsriegel im Zickzack hinunter zur Alp Stafel (1288 m) im Eigental. Autofahrer kehren über das **Trochenmattegg** (1461 m) zurück zum Mittler Stäfeli, alle anderen wandern talauswärts zur Postautohaltestelle **Eigental** (1025 m).

10 Schafmatt, 1979 m

Auf der Fluenkette des Entlebuch

Flühli / Stäldili – Wasserfallenegg – Schafmatt

Talort: Flühli, 883 m, Postauto von der SBB-Station Schüpfheim.
Ausgangspunkt: Flühli, für Autofahrer Berggasthaus Stäldili, 1373 m.
Gehzeiten: Flühli – Schafmatt 4 Std., Stäldili – Schafmatt 2 ½ Std.
Höhenunterschied: 1100 m bzw. 600 m.
Anforderungen: Bergwanderung in stellenweise weglosem Gelände.
Variante: Mit dem Auto von Flühli zum Bergrestaurant Stäldili (1373 m) und auf Alpsträßchen zu den Hütten von Grön.
Einkehrmöglichkeit: Bergrestaurant Stäldili, 1373 m.

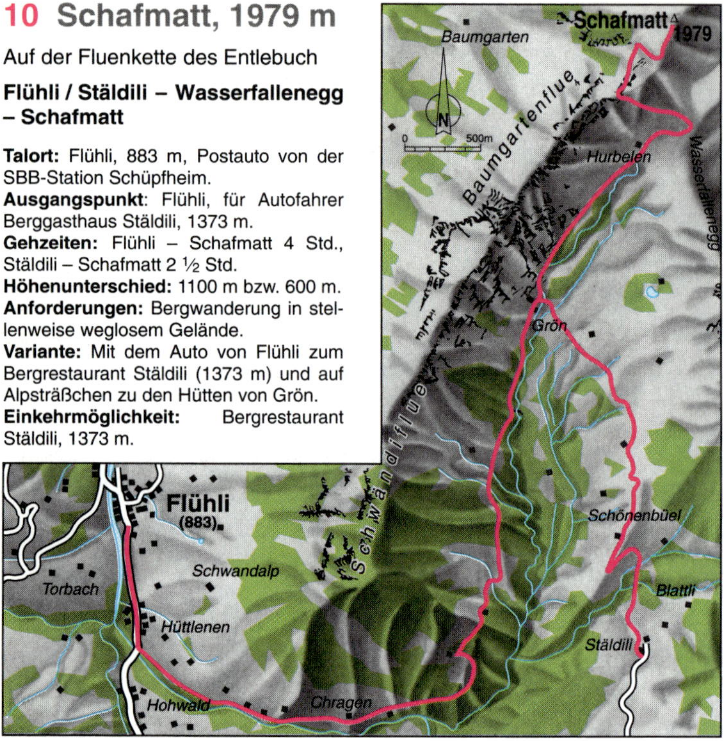

Fünf aneinander gereihte Fluen bilden die vorderste Bergkette über dem Entlebuch. Torflue, Äbnistettenflue, Schafmatt, Baumgartenflue, und Schwändiflue heißen die streng von NO nach SW ausgerichteten Kalkformationen, die mit ihren versetzten Türmen, Scharten und Zacken zum Flachland hin wie ein gepanzertes Riesenreptil erscheinen. Auf ihrer Südostseite sind diese Fluen sanfter abgedacht, da reichen Latschenhänge und Grasmatten stellenweise bis zur Kammhöhe empor. Verschlungene Jägerpfade und ausgesetzte Schafwege führen über die schmalen Gratlinien der fünf Fluen hinweg und vermitteln schwindelfreien Berggängern ein unvergleichliches Erlebnis. Weniger Geübte sollten sich aber besser an den Südanstieg halten, der via Wasserfallenegg zum Schafmatt führt, dem höchsten Punkt der Fluenkette. Der eigentliche Reiz dieser Tour besteht darin, aus einer

Am Gipfelkamm des Schafmatt; hinten Baumgarten- und Grönflue.

weitläufigen, sanft geformten Wiesenlandschaft allmählich in die Region der bizarren Felsgebilde emporzusteigen. Zudem befindet man sich auf dem Schafmatt genau in der Mitte der fünf Fluen und kann deren interessanten Aufbau aus nächster Nähe bewundern. Überraschend schöne Perspektiven zeigt auch die Fernsicht: Nach Osten reicht der Blick über das Becken des Vierwaldstättersees hinaus bis zu den Glarner Alpen, im Süden leuchtet die Gletscherwelt des Hochgebirges über die Voralpen hinweg, und gegen Norden liegt tief unten das grüne Entlebuch mit all seinen Hügeln, Höfen und Dörfern ausgebreitet.

Der beste Ausgangspunkt für den Schafmatt ist das zentral gelegene **Flühli** (884 m) im Tal der Waldemme. Der bez. Weg zum Wasserfallenegg biegt 1,5 km südlich von Flühli ins Seitentälchen des Rotbachs ab, verläuft an **Chargen** (1002 m) vorbei zu den Felsausläufern der Schwändiflue und steigt über den Schluchten des Chessilochs nordwärts empor zur Rüchialp. Im Wald und über sanfte Weidematten gehts nun weiter zu den Hütten von **Grön** (1533 m), und unterhalb der schroffen Grönflue über flache Bergwiesen zum Anwesen Hurbelen (1664 m), der letzten Wasserstelle vorm Gipfel. Es folgt eine kurze Hangstufe zum P.1729 am **Wasserfallenegg**, dann ziehen links spärliche Markierungen steil im schütteren Wald empor zum Einschnitt des **Leiteren** (1829 m). Hier orientiert man sich an den mehr oder weniger ausgeprägten Trittspuren, die rechtshaltend in der NW-Flanke des Schafmatt über Gras und Schrofen allmählich zur Grathöhe ansteigen. Der Rest ist eine beschauliche Kammwanderung. Das **Gipfelkreuz** steht übrigens nicht am höchsten Punkt, sondern auf der markant nach Norden vorspringenden Bergnase, die einen jähen Tiefblick ins Tal der Klein Entlen gewährt.

Unterwaldner Voralpen – Engelberg

Der Name »Unterwaldner Voralpen« bezeichnet die Kalkgipfel zu beiden Seiten des Engelberger Tals. Dieses Tal bildet das Herzstück der Innerschweizer Berglandschaft. Nordwärts mündet es bei Buochs in den Vierwaldstätter See ein, südwärts endet es im großen Talkessel von Engelberg, umrahmt von einer grandiosen Hochgebirgskulisse. Der berühmte Klosterort Engelberg am Fuße des Titlis mit seiner fast 900 Jahre alten Benediktinerabtei war früher das geistliche Zentrum der Region, heute ist es ihr touristischer Mittelpunkt. Die Unterwaldner Voralpen werden im Norden und Osten vom Vierwaldstätter See begrenzt, und im Westen vom Sarner Tal. Unterwalden umfaßt die Gemeinden des Engelberger und des Sarner Tals, wobei Unterwalden soviel wie »zwischen den Wäldern« bedeutet und damit auf das Land unter bzw. vor dem Brünigpaß hinweist. Die Grenze zwischen den

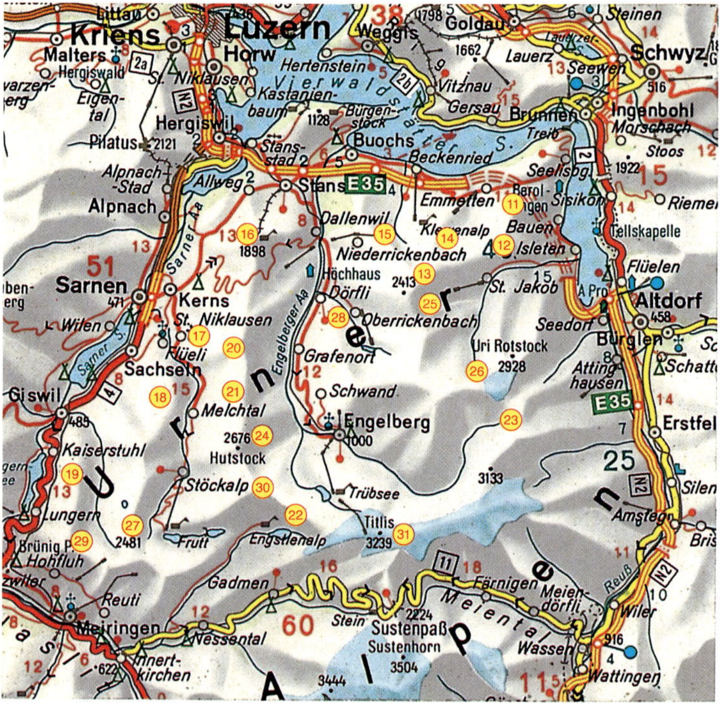

Blick vom Rotsandnollen über den Engelberger Talkessel auf Wissigstock und Ruchstock.

beiden Talschaften bildet der Kernwald. Die Region ob dem Kernwald, das Sarner Tal also, nennt sich Obwalden, das Gebiet nid (unter) dem Kernwald hingegen Nidwalden. Bei der Gründung der Eidgenossenschaft 1291 besaßen Nid- und Obwalden gegenüber den beiden größeren Urkantonen Uri und Schwyz zusammen nur eine Stimme, die Stimme Unterwaldens. Entsprechend ihrer Bevölkerungszahl wurde diese Stimme zwischen Ob- und Nidwalden »aufgeteilt«; zwei Jahre gehörte Obwalden das Stimmrecht, dann ging es für ein Jahr an Nidwalden. Die Nidwaldner empfanden das stets als eine Zurücksetzung gegenüber ihrem Nachbarn, und so haben sich bis heute Animositäten zwischen diesen beiden Halbkantonen gehalten. Engelberg selbst war bis 1798 selbständiger Kirchenstaat. Erst nach den politischen Umwälzungen, die die französische Revolution bzw. die Neuordnug Europas durch Napoleon mit sich brachten, schloß sich das Tal 1803 vorübergehend dem Kanton Nidwalden und zwölf Jahre später endgültig dem Kanton Obwalden an.
Die beiden großen Täler der Unterwaldner Voralpen sind vom Charakter her völlig verschieden. Das enge Engelberger Tal liegt tief im Gebirge eingeschnitten, während das Sarner Tal breiter ist und weniger durch seine Gipfelumrahmung als vielmehr durch seine großen Seen geprägt wird.

Alpnacher, Sarner und Lungerer See bilden die Perlen des Obwaldner Landes. Zwei Seitenarme des Sarner Tals müssen noch erwähnt werden, nämlich das Melchtal sowie das Kleine Melchtal. Beide führen von Westen her weit in die Unterwaldner Voralpen hinein.

Ausgangspunkte für Wanderungen in dieser Region sind entweder hoch hinaufführende Alpsträßchen, Seilbahnstationen oder die SBB-Stationen bzw. Postautohaltestellen im Tal. Im letzteren Fall sind zwar mitunter bis zu 1700 Höhenmeter zurückzulegen, aber dafür verhält man sich umweltbewußt und erlebt die Berge durch alle Vegetationsstufen vom Talboden bis zur Spitze. Die nördlichste Erhebung der Unterwaldner Voralpen ist der halbinselartig in den Vierwaldstätter See vorgeschobene, 1100 m hohe Bürgenstock. Es folgen nach Süden hin die beiden aussichtsreichen Torsäulen Stanserhorn (1898 m) und Buochserhorn (1806m) am Eingang des Engelberger Tals, dann die vielbesuchte Kette des Brisen (2409 m), schließlich die Walenstöcke, die allerdings eher für Kletterer interessant sind, und die Gruppe des klotzigen Huetstock (2676 m). In der Umgebung von Engelberg gehen die Voralpen allmählich in die Hochalpen über. Diesen Übergang markieren Engelberger Rotstock (2819 m) und Wissigstock (2887 m), zwei firnumlagerte Hochgipfel, die unschwer zu erwandern sind. Weiter hinten im

Der Dorfplatz von Stans mit dem Buochserhorn.

Das Brisenhaus ist ein beliebtes Ausflugsziel in den Unterwaldner Voralpen.

Engelberger Talkessel wird es hochalpin: Groß Spannort, Schloßberg, Krönten, Grassen und Titlis bilden das eigentliche Terrain des Bergsteigens, wobei der alles überragende Titlis (3239 m), mit seiner weithin sichtbaren Eiskappe das Wahrzeichen der Region, bei entsprechender Vorsicht auch dem geübten Bergwanderer zugänglich ist. Als weiterer Glanzpunkt in den eigentlichen Unterwaldner Voralpen sei noch die bezaubernde Umrahmung des Melchsee genannt. Namentlich der Hochstollen (2480 m) stellt hier eine exzellente Aussichtswarte dar. Auch im Bereich des Kleinen Melchtals bieten sich lohnende Gipfelwanderungen, z.B. auf den Wandelen (2104 m), der mit einzigartigen Tiefblicken zum Sarner See und ins Melchtal überrascht.
Zahlreich sind die Übergänge zwischen den Talsystemen. Am bekanntesten ist die Jochpaßroute von Engelberg zum Melchsee. Der Storegg vermittelt den seit alters her bekannten Übergang aus dem Melchtal ins Engelberger Tal, und über den Surenenpaß führt die einzige Verbindung aus dem Kessel von Engelberg ins Tal der Reuß. Erwähnenswert ist auch die Bannalper Schonegg zwischen der Nidwaldener Bannalp und dem herbromantischen Großtal im Kanton Uri. Ob auf den Gipfelwegen oder den Paßrouten, die Landschaft Nidwaldens und Obwaldens hat überall Sehenswertes zu bieten. Am eindrucksvollsten sind freilich jene Momente, in denen man von hoher Bergzinne auf die Gewässer des Vierwaldstätter, des Sarner oder des Lungerer Sees hinabschauen kann.

11 Niderbauen-Chulm, 1923 m

Im Winkel von Vierwaldstätter- und Urner See

Seelisberg – Niderbauen-Chulm – Emmetten

Ausgangspunkt: Seelisberg, 760 m, Postauto von Emmetten, Treib-Seelisberg-Bahn von der Schiffsanlegestelle Treib.
Endpunkt: Emmetten, 755 m, Postauto nach Stans.
Gehzeiten: Seelisberg – Niderbauen-Chulm 3½ Std., bei Benutzung der Seilbahn zur Alp Weid 2½ Std., Niderbauen-Chulm – Bergstation Niderbauen ¾ Std., Niderbauen-Chulm – Emmetten 2 Std.; Gesamtzeit Seelisberg – Niderbauen-Chulm – Emmetten 4½ – 5½ Std.
Höhenunterschied: Seelisberg – Niderbauen-Chulm ca. 1200 m, Alp Weid – Niderbauen-Chulm ca. 640 m.
Anforderungen: Der »Treppenweg« verlangt Trittsicherheit und solides Schuhwerk. Gefahrlos ist dagegen der Anstieg von Emmetten, der von jedermann begangen werden kann.
Einkehrmöglichkeit: Alp Weid, 1288 m, Übernachtungsmöglichkeit, Bergbahnrestaurant Niderbauen, (1570 m).

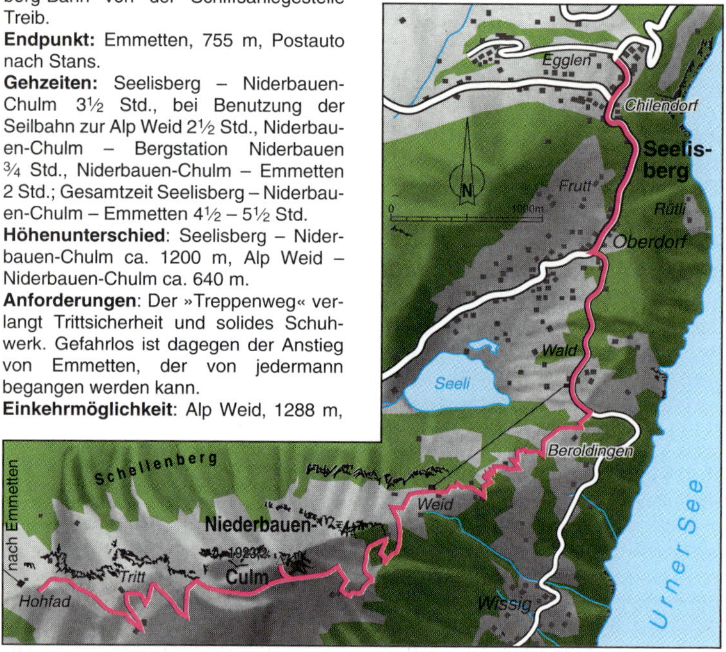

Als nordöstlichster Eckpfeiler der Unterwaldner Voralpen steht über der Landzunge von Seelisberg der Niderbauen wie ein riesiger Schiffsbug im Winkel von Urner und Vierwaldstätter See. Trotz seiner bescheidenen Höhe ist er eine der auffälligsten Erhebungen der Zentralschweiz. Von diesem typischen Eckberg bekommt man ein faszinierendes Panorama geboten, das vor allem wegen der jähen Tiefblicke in die verschiedenen Buchten und Arme des Vierwaldstätter See begeistert. Zwei Wanderrouten führen auf den Niderbauen-Chulm, der sogenannte »Treppenweg« von Seelisberg durch die steilen Fluen der Ostseite und der einfache Weg von Emmetten bzw. von der

Vom Niderbauen-Chulm schaut man hinab auf die Engstelle am Vierwaldstätter See.

Bergstation Niderbauen über die Grashänge der Südwestseite. Eine Kombination beider Routen zeigt sehr anschaulich die völlig unterschiedlichen Gesichter des Berges, wobei sich der »Treppenweg« in erster Linie für den Aufstieg empfiehlt.

Von der Station **Seelisberg** (760 m) geht es längs der Hauptstraße nach Oberdorf, wo links der neue Fahrweg Richtung Beroldingen abzweigt. Kurz vorm Schlößchen Beroldingen zeigt die Wegtafel nach rechts Richtung Niderbauenstock. Über einen ausgeprägten Gratrücken gewinnt man rasch an Höhe und steht bald an der **Alp Weid** (1288 m), die auch mittels einer kleinen Seilbahn erreichbar ist. (Zeitersparnis etwa eine Stunde). Das nächste Etappenziel heißt Alp Lauweli (1524 m) an der Ostseite des Berges. Hier verlieren sich die Pfadspuren stellenweise, aber die Anstiegsrichtung ist deutlich vorgegeben. Man hält genau auf die große Schlucht in der Ostwand zu, in der Treppen, Leitern und später ein Dutzend steiler Kehren in den Wiesensattel zwischen Niderbauen und Gütsch emporführen. Von dort sind es nur noch wenige Minuten zum signalgeschmückten **Kulminationspunkt**.

Absteigend durchquert man die Mulde zwischen Chulm und Gütsch westwärts und folgt anschließend dem guten Pfad in einigen weitausholenden Kehren hinab zu den Hütten von **Äbnet** (1588 m). Ein ebenes Wegstück leitet nun zur Seilbahnstation Niderbauen (1570 m). Wer indes den Wandertag ganz auskosten möchte, läßt die Seilbahn nach Emmetten rechts liegen und nimmt von Äbnet den Weg über den Stäckenmattboden und den grünen Rücken des Hochberg hinunter ins **Choltal** (1000 m). Im lieblichen Talgrund marschiert man schließlich nordwärts hinaus zur Postautohaltestelle in **Emmetten** (755 m).

12 Oberbauenstock, 2116 m

Gipfeltour für Geübte

Emmetten – Oberbauenstock – Emmetten

Talort: Emmetten, 755 m, Postautostation.

Ausgangspunkt: Emmetten oder Stockhütte, 1279 m (erreichbar mit Seilbahn von Emmetten).

Gehzeiten: Emmetten – Choltal – Oberbauenstock 4 Std., Abstieg 3 Std.; Gesamtzeit 7 Std.

Höhenunterschied: Emmetten – Oberbauenstock 1360 m, Stockhütte – Oberbauenstock 840 m.

Anforderungen: Anspruchsvolle Bergwanderung, bei der trotz Wegspuren Trittsicherheit und Schwindelfreiheit vonnöten sind; bei Nässe heikel.

Einkehrmöglichkeit: Keine.

Variante: 1) Übergang von Niderbauen-Chulm über den Fulberg und durch die steile NW-Flanke; 2 Std. – 2) Von der Seilbahnstation Emmetten-Stockhütte (1279 m) via Färnitaler Hütte (1652 m) und Zingelgrat zum Gipfelaufbau.

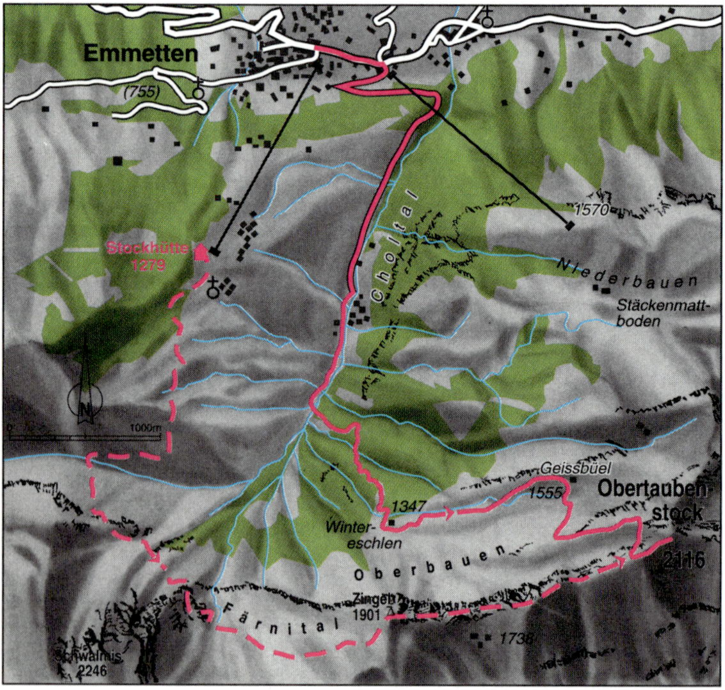

Der Aufstieg zum Oberbauenstock beginnt in Emmetten.

Von der Axenstraße aus betrachtet, beherrschen Niderbauen und Oberbauenstock wie zwei versteinerte Wächter das Westufer des Urner See. Beide Gipfel fordern wegen ihrer einzigartigen Position zu einer Besteigung geradezu heraus. Im Unterschied zum Niderbauen gibt es am Oberbauenstock allerdings keinen einfachen Zugang. Ohne Trittsicherheit und Schwindelfreiheit geht es dort nicht ab, denn der Berg erhebt sich ringsherum sehr steil aus den tief eingeschnittenen Tälern. Nur der Einschnitt des Schwiren und der schmale Verbindungskamm vom Zingel erlauben überhaupt einen kletterfreien Anstieg. Wegen seiner fabelhaften Aussicht wird der Berg gleichwohl relativ häufig besucht. Atemberaubend sind die Tiefblicke zum Urner See, und aufregend schön die Einblicke in die Gipfel- und Gletscherwelt der nahen Urner Alpen.

Von **Emmetten** (755 m, Wanderwegtafeln) folgt man dem Sträßchen durch das reizvolle Choltal bis kurz vor die Alp Grund (1000 m). Dort zweigt ein Weg links ab und steigt später im Wald zunehmend steiler zu den Hütten von Winterschlen empor (1347 m). Auf einer Weideterrasse geht es nun vor der eindrucksvollen Gipfelkulisse des Oberbauenstock ostwärts zur **Alp Geissbüel** (1555 m). Ein guter Pfad führt jetzt in südlicher Richtung über eine vorgelagerte Hangstufe gegen die Nordwestflanke des Oberbauenstocks hinauf. Bald leiten Wegspuren in die oft feuchte, erdige Bresche des Schwiren, in der man über einige ausgesetzte Tritte und Stufen an einem Felswändchen vorbei die Grathöhe westlich des Gipfels gewinnt. Der Grat verliert sich später gegen den Gipfelaufbau, so daß ein Ausweichen in die ziemlich abschüssigen Grashänge der Südflanke notwendig wird. Bei Nässe ist diese letzte Passage gefährlich – der Grund des Großtal liegt erst 1200 m tiefer. An trockenen Tagen gelangt man jedoch problemlos zum Gipfel.

13 Brisen, 2404 m

Überschreitung Glattgrat – Haldigrat

Niederrickenbach – Brisenhaus – Brisen – Haldigrat – Niederrickenbach

Talort: Dallenwil im Engelberger Tal, 485 m, Bahnstation.
Ausgangspunkt: Niederrickenbach, 1160 m, Seilbahn von Dallenwil.
Gehzeiten: Niederrickenbach – Brisenhaus 2 Std., Brisenhaus – Brisen 2½ Std., Brisen – Haldigrat – Niederrickenbach 2 Std.; Gesamtzeit 6½ Std.
Höhenunterschied: Niederrickenbach – Brisen 1250 m.
Anforderungen: anspruchsvolle Bergwanderung; Trittsicherheit und gutes Schuhwerk vonnöten.
Einkehr und Unterkunft: Brisenhaus, 1753 m; im Sommer ständig, im Herbst an Wochenenden bewirtschaftet; Massenlager.
Variante: Von Niederrickenbach mit dem Sessellift zum Haldigrat (1937 m) und in 1 Std. zum Gipfel.

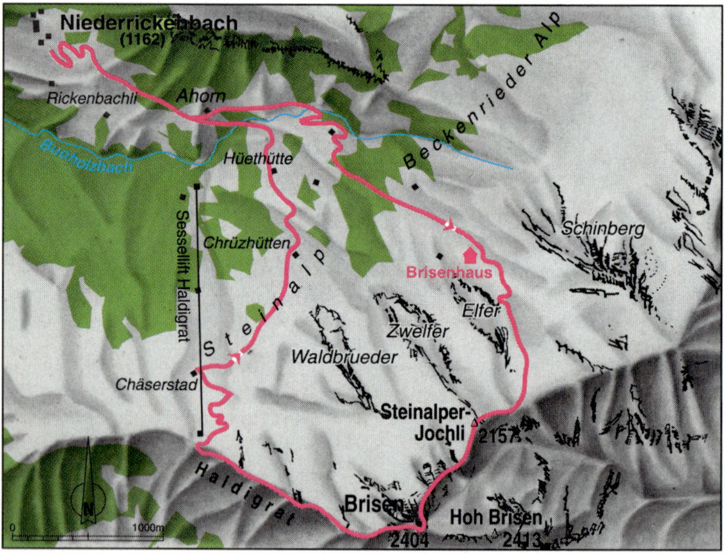

Der Brisen ist die formschönste Erhebung zwischen Engelberger Tal und Vierwaldstätter See. Die auffällige Pyramidengestalt verkörpert ob ihrer beherrschenden Stellung über der vorgelagerten Kuppenlandschaft das Idealbild eines Voralpengipfels schlechthin. Langlebige Altschneefelder in den großen Schuttkaren der Nordseite verleihen dem Brisen oft bis in den

Über den Haldigrat führt der leichteste und kürzeste Aufstieg zum Brisen.

Hochsommer hinein ein hochalpines Flair. Das ganze Brisengebiet ist ein Dorado des Bergwanderns, geprägt von grünen Alpmatten und hellen Kalkgipfeln, von der Nähe zu den Eisgipfeln der Urner Alpen einerseits wie zum malerischen Vierwaldstätter See andererseits. Als günstigster Ausgangspunkt empfiehlt sich der autofreie Klosterort Niederrickenbach (1162 m), erreichbar mit einer Luftseilbahn aus dem Engelberger Tal. Besonders reizvoll ist eine Überschreitung des Brisen, mit Anstieg am Glattgrat und Abstieg am Haldigrat. Diese Tour läßt sich von jedem geübten Bergwanderer durchführen, man sollte aber Verstand genug besitzen, bei Nässe, Neuschnee oder Gewitter rechtzeitig umzukehren!
An der Bergstation **Niederrickenbach** orientiert man sich am Wegweiser zum Brisenhaus, marschiert vor der einprägsamen Kulisse von Elfer, Zwelfer, Waldbrueder und Brisen nach Ahorn bzw. über den Buoholzbach hinweg und erreicht nach knapp zwei Stunden die **Clubhütte** auf der obersten Hangstufe der Beckenrieder Alp. Der weitere Anstieg führt durch das ausgedehnte Hochkar zwischen Schinberg und Elfer zum Einschnitt des **Schuenegg** im Glattgrat. Hier wird die Tour einen Hauch alpiner. Ein schmaler Pfad leitet mit Drahtseilhilfe an der Südseite der Felsrampe P.2222 hinüber ins **Steinalpler Jochli** (2157 m), wo unvermittelt die elegante Gipfelpyramide des Brisen ins Blickfeld rückt. Wegspuren ziehen in der Ostflanke in den Sattel zwischen Hoh Brisen und Brisen hinauf, und von dort sind es nur mehr wenige Minuten zum großen Gipfelsignal. Der exponierte Übergang zum 9 m höheren **Hoh Brisen** (2413 m) ist eine Frage des persönliche Ehrgeizes und der Schwindelfreiheit, die Rundsicht erfährt dort keine Steigerung. Nach verdienter Rast nimmt man sich absteigend den hübsch geschwungenen **Haldigrat** unter die Sohlen. An der Station Haldigrat besteht später die Möglichkeit, den Sessellift zu benutzen oder zu Fuß über die steilen Schutt- und Wiesenhänge der Steinalp nach Ahorn bzw. Niederrickenbach zurückzukehren.

14 Schwalmis, 2246 m

Aussichtskanzel über dem Vierwaldstätter See

Klewenalp – Schwalmis – Klewenalp

Talort: Beckenried am Vierwaldstätter See, 436 m, Autobahnausfahrt, Schiffsstation, Postauto von Stans.
Ausgangspunkt: Klewenalp, 1593 m, Seilbahn von Beckenried. Zu Fuß in gut 2½ Stunden auf den zumeist schattigen Waldwegen des Beckenrieder Berges.
Gehzeiten: Klewenalp – Schwalmis 2½ Std., Abstieg zur Klewenalp 1½ Std.; Gesamtzeit von/bis Klewenalp 4 Std., von/bis Beckenried 3½ Std. zusätzlich.
Höhenunterschied: Klewenalp – Schwalmis 700 m, von Beckenried zusätzlich 1100 m.
Anforderungen: Leichte Bergwanderung.
Einkehr: Restaurant auf der Klewenalp.

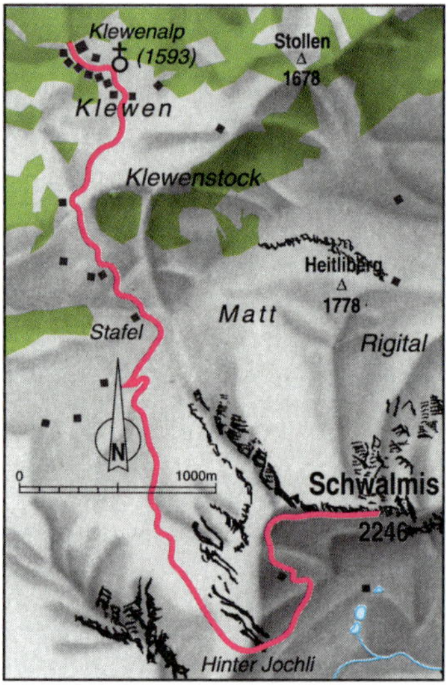

Wenn an klaren Tagen von Luzern aus die Alpenkette zu sehen ist, fällt ein Berg besonders ins Auge: Der breitgelagerte Schwalmis, der sich in vorderster Reihe direkt über dem Ufer des Vierwaldstätter Sees zu erheben scheint. Seine unverkennbare Silhouette bildet den vielbewunderten Hintergrund der Klewenalp, und seine langen Wiesengrate über den charakteristischen Schichtabbrüchen der Nordseite sind eine stille Einladung an jeden Bergwanderer. Im Unterschied zum benachbarten Oberbauenstock ist der Schwalmis ausgesprochen familienfreundlich; am Gipfelkamm gibts viel Platz, der Zugang ist leicht, und bei Bedarf verkürzt die Klewenalp-Bahn den Anstieg auf zwei kurzweilige Gehstunden. Aufgrund seiner Alpenrandlage zeigt der Schwalmis eine interessante, quasi zweigeteilte Aussicht. Dem weit ausgebreiteten Vierwaldstätter See im Norden stehen im Süden die Zacken und Spitzen der Urner Alpen gegenüber, gekrönt vom firnumlagerten Urirotstock.
Man kann den Schwalmis von Emmetten durchs Großtal via Vorder Jochli, aus dem Großtal ab St. Jakob oder direkt vom Ufer des Vierwaldstätter Sees ab Beckenried besteigen. Die Mehrzahl der Besucher benutzt aber zunächst die Seilbahn zur **Klewenalp** (1593 m). Dort befindet man sich wie auf einem Balkon hoch über dem Vierwaldstätter See und könnte faul im Gras liegend

Die Klewenalp am Fuße des Schwalmis; im Hintergrund über dem See die Rigi.

stundenlang den weißen Segelbooten oder den großen Passagierschiffen unten auf dem blauen Wasserspiegel zuschauen. Der vielarmige Wegweiser an der Bergstation zeigt in alle Himmelsrichtungen. Für den Schwalmis heißt das richtige Zwischenziel »Hinter Jochli«. Der entsprechend ausgeschilderte Weg führt in südlicher Richtung an einer kleinen Bergkapelle vorbei und horizontal um den vorgelagerten, hübsch geformten Klewenstock herum zur Routenverzweigung bei **Stafel (1530 m)**. Hier beginnt der lange, schattenlose Anstieg durch das Hochkar zwischen Schwalmis (links) und Schinberg (rechts). Die spärlichen Weidenmatten gehen bald in die Geröllfelder des Chälen über, aber der Weg ist gut angelegt, und dicht unter den Felsabstürzen des Schwalmisplanggen erreicht man in sicherem Abstand zum Skiliftgestänge das langersehnte **Hinter Jochli** (2105 m). Nach rechts führen Pfadspuren zum Risetenstock hinauf oder zum Glattgrat am Brisen hinüber. Die Route zum Schwalmis biegt statt dessen im Einschnitt des Jochs scharf nach links und leitet hinunter zu den Weideböden an der Südseite des Schwalmis. Kurz oberhalb einiger winziger Seeaugen zweigen links spärliche Markierungen ab und weisen den Weg durch eine Bresche im Felsriegel aufwärts zur **Alp Schwalmisgaden (2083 m)**. Über ausgedehnte Grünmatten geht es später im Bogen zum langgestreckten Gipfelgrat empor und weiter in schöner Kammwanderung bis zum höchsten Punkt.

15 Buochserhorn, 1806 m

Grüner Bergkegel über Stans

Niederrickenbach – Bleikisattel – Buochserhorn – Niederrickenbach

Talort: Dallenwil, 500 m, Talstation der Niederrickenbachbahn, Bahnstation.
Ausgangspunkt: Niederrickenbach, 1150 m, Seilbahnstation, kein Autoverkehr!
Gehzeiten: Niederrickenbach – Buochserhorn 2 Std., Abstieg 1½ Std.; Gesamtzeit 3½ Std.
Höhenunterschied: 650 m.
Anforderungen: Einfache Bergwanderung, stellenweise Hartbelag.
Einkehrmöglichkeit: Keine.

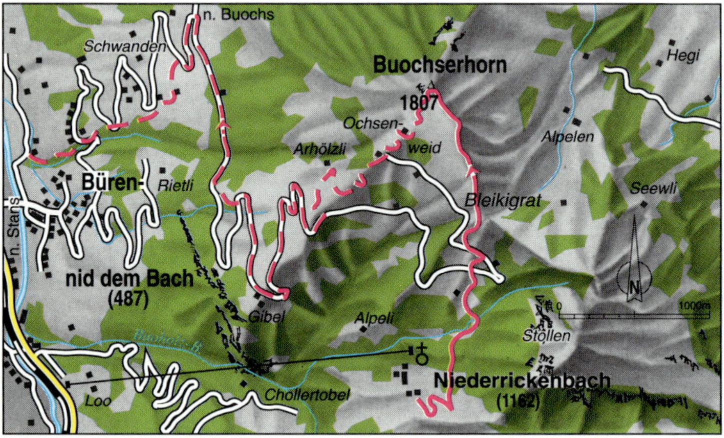

Das freistehende Buochserhorn am Eingang ins Engelberger Tal ist die höchste Erhebung, die ganz im Kanton Nidwalden fußt. Brisen, Schwalmis und Oberbauenstock stehen bereits auf der Grenze zu Uri, und selbst den Hausberg von Stans, das Stanserhorn, müssen sich die Nidwaldner mit den Obwaldnern teilen. Ausgesprochen formschön zeigt sich das Buochserhorn über dem Kantonshauptflecken Stans, von dort kommt der grüne, locker bewaldete Bergkegel am besten zur Geltung. Man besteigt das Buochserhorn vorwiegend wegen seiner interessanten Aussicht. Die reicht zwar nicht sehr weit in die Ferne, läßt dafür aber die nähere Umgebung sehr wirkungsvoll hervortreten. Das gilt insbesondere für den buchtenreichen Vierwaldstätter See, von dem fast in jeder Himmelsrichtung ein Zipfel zu sehen ist.
Vom Seeufer bei Buochs sind es 1400 Höhenmeter bis zum Gipfelkreuz. Man kann aber auch eine der hoch hinaufführenden Alp- und Forststraßen benutzen, z.B. bis zum Müllerboden (1270 m) oder gar – halblegal – zur

Unteren Ochsenweid (1550 m). Dort gibt es allerdings nur ganz wenige Parkmöglichkeiten. Der landschaftlich schönste Anstieg führt indes vom Klosterort **Niederrickenbach (1160 m)** über den Bleikisattel aufs Buochserhorn. Ausgangspunkt ist die Seilbahnstation, von hier wandert man südwärts durch den kleinen Weiler, wobei Zeit genug sein sollte, sich die Wallfahrtskapelle oder das Benediktinerkloster anzuschauen. Hinter dem Ort führt ein Sträßchen nach Ahorn steiler bergan. Man verläßt es oberhalb Steinrüti bei der vierten Kehre und gelangt auf schattigem Weg nordwestwärts zum Bleikigraben. Anschließend geht es auf weiten Grünmatten der Bleiki mit zweimaliger Überquerung einer Betonstraße empor in den **Bleikisattel (1590 m)**. Im Sattel beginnt der wenig ausgeprägte, grasige Südostgrat des Buochserhorns. Wenn der Gratrücken nicht gerade aufgeweicht und schmierig ist, erreicht man ohne Schwierigkeiten das geräumige **Gipfel**dach. Für den Rückweg stehen zahlreiche Möglichkeiten offen: Trittsicheren Gehern empfiehlt sich der Abstieg über den schmalen Nordostgrat bis zur Guberentossen (P. 1516) und weiter über Spis und Brunni hinab nach Beckenried. Wer das Wandern auf Alpsträßchen nicht scheut, der kann südwestwärts über Ochsenweid, Arhölzli und Müllerboden zwischen den ganzjährig bewirtschafteten Liegenschaften mit ihren schönen Obstgärten nach Stans hinunterbummeln. Von Arhölzli führt ein Wanderweg vornehmlich im Wald in nördlicher Richtung nach Buochs am Vierwaldstätter See hinunter. Dort gibt es übrigens ein vorzüglich gelegenes Strandbad!

Das Buochserhorn von Süden mit dem vorgelagerten Musenalper Grat.

16 Stanserhorn, 1898 m

Auf den Hausberg von Stans

Stans (oder Ächerli) – Stanserhorn – und zurück

Talorte: Stans, 450 m, Bahnstation; Dallenwil, 485 m, Bahnstation.
Ausgangspunkte: Stans, 450 m, oder Ächerli, 1398 m (Straße von Dallenwil).
Gehzeiten: Stans – Stanserhorn 4 Std., Abstieg 3 Std.; Gesamtzeit 7 Std.
Ächerli – Stanserhorn 1½ Std., Abstieg 1 Std.; Gesamtzeit 2½ Std.
Höhenunterschied: Stans – Stanserhorn 1440 m; Ächerli – Stanserhorn 500 m.
Anforderungen: Gut markierte, aber steile Bergwege, bei Nässe stellenweise unangenehm.
Einkehrmöglichkeit: Hotel Stanserhorn (1848 m).
Variante: Von Dallenwil oder der Seilbahnstation Wiesenberg (1000 m) via Blatti über den NO-Grat (4 bzw. 2 Std.).

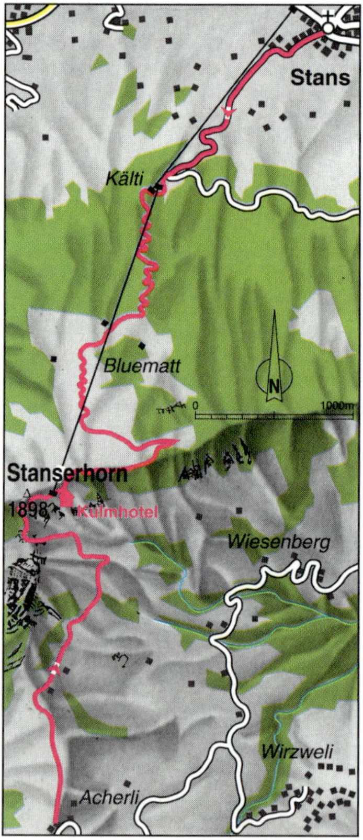

Das Stanserhorn zählt neben Pilatus und Rigi zu den seit alters her bekannten Aussichtsbergen am Vierwaldstätter See. Geanu wie seine berühmten »Kollegen« trägt auch das Stanserhorn eine Seilbahn. Der jäh aus dem Stanser Boden bzw. aus dem Drachenried emporsteigende Bergkegel beherrscht ganz und gar den Eingang ins Engelberger Tal und bietet von allen Seiten einen herrlichen Anblick. Großartig ist natürlich auch die Rundsicht, die bis zu den 4000ern der Berner Alpen reicht. Den stärksten Eindruck hinterläßt jedoch der Vierwaldstätter See, dessen Buchten und Arme aus der Vogelperspektive betrachtet malerisch zwischen den vorgeschobenen Gipfelketten eingebettet liegen.
Häufig begangen wird der Weg von Stans durch die bewaldete Nordflanke längs der alten Bahntrasse. Der kürzeste Aufstieg für Autofahrer führt von Ächerli herauf, der tiefsten Einsenkung im Grenzkamm zwischen Nid- und

Stanser Becken, Bürgenstock und Vierwaldstätter See vom Stanserhorn; hinten Rigi.

Obwalden. Geologisch reizvoll ist die Route von Westen über den Brandgrat und den Einschnitt der Chrinnen, weil sie wiederholt die Spuren ehemaliger gewaltiger Bergrutsche erkennen läßt. Bergerfahrung ist hier allerdings unabdingbar, weshalb dieser Anstieg nicht uneingeschränkt empfohlen werden kann.

Direkter Anstieg von Stans: Vom Markplatz führt der Wanderweg am Winkelrieddenkmal vorbei zur Kniri-Kapelle. Hier tut sich bereits ein hübscher Rückblick zum den Vierwaldstätter See auf. Im weiteren folgt der Weg zunächst der Bahntrasse bis **Kälti** (714 m), biegt dort links in den Wald ein und steigt in vielen Zickzacks steil (aber schattig) zur **Bluematt** (1204 m) empor. Oberhalb der ehemaligen Bahnstation Bluematt geht es abermals in steilen Kehren über freie Weidehänge zur **Rinderalp** (1635 m) hinauf und zur Höhe des Nordostgrates. Schön zeigt sich jetzt der oberste Gipfelaufschwung, den man ohne Schwierigkeiten stets auf der Scheitellinie am Kulmhotel vorbei bis zum höchsten Punkt erklimmt.

Kurzaufstieg von Ächerli: Vom Paßeinschnitt (1398 m) leitet der markierte Weg auf der Kammhöhe nach Ober Holzwang, zieht von dort horizontal durch die Ostflanke des Chli Horns und steigt schließlich links in den Einschnitt von **Chrinnen** (1719 m) empor. Nach einem kurzen Gratstück führen zum Schluß zwei weit ausholende Kehren nach links hinauf zum Gipfel.

17 Bruder-Klausen-Weg

Gedächtnisweg »Stanser Verkommnis«

Stans – Murmatt – St. Antoni Kapelle – St. Niklausen – Flüeli

Talort: Stans, 450 m, Bahnstation an der Linie Luzern – Engelberg.
Zielort: Flüeli-Ranft, 730 m, Postautohaltestelle.
Gehzeit: 4 bis 4 ½ Std.

Anforderungen: Einfache Wanderung, in kurzen Teilstrecken Asphaltsträßchen; im Sommer viele Pilger.
Einkehrmöglichkeit: St. Niklausen, Flüeli-Ranft.

Nikolaus von der Flüe (1417 – 1487), kurz genannt Bruder Klaus, ist als einziger Schweizer von der katholischen Kirche heilig gesprochen worden. Er verbrachte einen großen Teil seines Lebens als Einsiedler unweit Flüeli in der Zelle

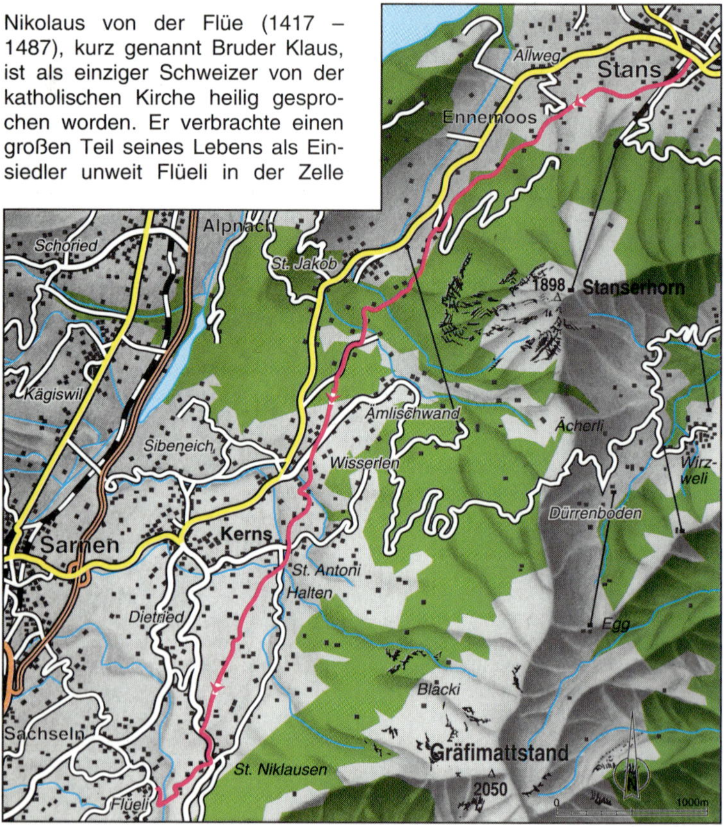

neben der Kapelle im Ranft am Ufer der Melchaa. Der sog. Bruder-Klausen-Weg von Stans nach Flüeli erinnert an den von Bruder Klaus gestifteten Frieden im Jahre 1481. Damals waren die Kantone nach ihrem Sieg über Burgund untereinander tief zerstritten. Es ging um die Verteilung der Kriegsbeute. Auch forderten die Städte Freiburg und Solothurn, die den Eidgenossen beigestanden hatten, die Aufnahme in den Bund. Dagegen sträubten sich aber die Länderkantone, die ein Übergewicht der Städte fürchteten. Auf ihrer Zusammenkunft in Stans konnten sich die Abgesandten der Kantone zunächst nicht einigen. Um im letzten Moment das Scheitern der Konferenz zu verhindern, eilte in der Nacht zum 22. Dezember 1481 der Pfarrherr von Stans zu seinem Freund Bruder Klaus im Ranft, dessen Rat einzuholen. Dieser urteilte knapp und klar: Die Städte sollten ihr bis dahin hochgehaltenes Burgrecht lösen, die Länder dafür Freiburg und Solothurn in den erweiterten Bund aufnehmen. Tatsächlich konnte der Pfarrer nach seiner Rückkehr die schon zur Abreise bereiten Unterhändler zu einer letzten Verhandlungsrunde im Stanser Rathaus bewegen. Dort stimmten schließlich alle dem Vorschlag zu. Sie besiegelten im »Stanser Verkommnis« aufs Neue die Einheit der Eidgenossenschaft. Der damalige Weg des Stanser Pfarrherrn ist zum 500-Jahr-Jubiläum dieser geschichtlich bedeutsamen Übereinkunft ausgebessert und mit dem kreisförmigen Visionsbild-Signet des Bruder Klaus neu markiert worden. Die Wanderung enthält zwar nur wenige alpine Akzente, entschädigt dafür aber mit einer wohltuend ruhigen, harmonischen Landschaft, die man gern als typisch schweizerisch bezeichnet.
Der Weg beginnt an der Kirche in Stans, führt am Winkelrieddenkmal vorbei zur Knirikapelle »Maria zum Schnee« und steigt in offener Kulturlandschaft allmählich zum herrlichen Aussichtspunkt **Murmatt** (633 m) an. Tief unten liegen Stans und Buochs auf dem brettebenen Stanser Boden, und dahinter wölben sich Bürgenstock, Rigi und Buochserhorn empor. Oberhalb des Drachenried geht es am Westfuß des Stanserhorns südwärts, wobei der schön angelegte Rastplatz Rohrnerberg zum Verweilen einlädt. Kurz hinter dem Erlenwald passiert man die Kantonsgrenze von Nid- nach Obwalden, trifft später nach Verlassen des Acheriwaldes beim Maichäppeli (Kapelle, P.629) auf die Straße Kerns – Ächerli und steigt anschließend im hügligen Gelände zur **St. Antoni Kapelle** bergan (700 m). Oberhalb der Kapelle beschert eine Anhöhe einen zauberhaften Ausblick zum Sarner See und zur Pilatuskette. Der Weg senkt sich nun allmählich hinunter nach **St. Niklausen**. Dort beginnt der steile Abstieg zum Ranft tief unten in der Schlucht der Melchaa. Am anderen Ufer wandert man an der Marien- und der schlichten Klausen-Kapelle vorbei auf breitem Pilgerweg nach **Flüeli**, wo auf einer Felsenkuppe hoch über dem Ort eine große, weithin sichtbare Kapelle aus dem 16. Jh. thront. Interessierte können hier auch das 500 Jahre alte Wohnhaus des Bruder Klaus besuchen, dessen dunkle hölzerne Räume einiges über die damaligen Lebensumstände aussagen.

18 Wandelen, 2105 m

Hoch über dem Sarner See

Sachseln oder Älggialp – Wandelen – und zurück

Talort: Sachseln, 483 m, Bahnstation.
Ausgangspunkt: Sachseln, Älggialp, 1650 m, Zufahrt und Taxiverkehr von Sachseln.
Gehzeiten: Sachseln – Wandelen 4½ Std., Wandelen – Stucklichrüz – Sachseln 3 Std.; Gesamtzeit 7 – 8 Std. Älggialp – Wandelen 1½ Std., Abstieg 1 Std.; Gesamtzeit 2½ Std.
Höhenunterschied: Sachseln – Wandelen 1620 m, Älggialp – Wandelen 450 m.
Anforderungen: Die Anstiege aus dem Sarner Tal sind wegen des steilen Geländes anstrengend; kurz und bequem ist der Zugang von der Älggialp; die Überschreitung Arnigrat – Stucklichrüz erfordert Schwindelfreiheit.
Einkehr: Berghaus Älggialp.

Der Wandelen bildet den Mittelpunkt der Berglandschaft zwischen dem Großen und dem Kleinen Melchtal östlich der Sarner Aa. Der benachbarte Heitelistock mißt zwar einige Meter mehr, steht jedoch weiter im Hintergrund; es fehlen dort die zauberhaften Tiefblicke in die umliegenden Talsysteme und zum Sarner See. Auf dem Wandelen dagegen kann man ganz Obwalden aufs Schönste überschauen: ein kleines, aber reizvolles Fleckchen Innerschweiz mit engen Tälern, klaren Seen und waldreichen Höhen. Mehrere markierte Wanderrouten führen auf den Wandelen, z.B. die von Sachseln über Edisried, die Alp Ober Mus und Mettental. Für diese Tour sprechen der interessante

Der Aufstieg von Sachseln zum Wandelen eröffnet schöne Ausblicke zum Sarner See.

Wegverlauf durch eine parkähnliche Alplandschaft sowie die fesselnden Rückblicke ins Sarner Tal. Man kann auch bis Ober Mus (1285 m) mit dem Auto fahren, doch erspart das just den schönsten Teil des Anstieges.
Von **Sachseln** bis zum Weiler Edisried folgt man der Dorfstraße, dort biegt man links ab und steigt an der Kiesgrube vorbei zum Waldrand und nach Opfetschwand empor. Auf einem ausgeprägten Grünrücken gehts weiter über Musschwändeli und Unter Mus nach **Ober Mus** (1285 m). Die nächste Etappe führt über Weiden zum Eingang des kleinen **Mettentals**. Aus der schuttbedeckte Talmulde steigt der markierte Pfad durch die Hänge des Wengenhorns empor in den Sattel und zum Gipfel des **Wandelen**. Lohnend ist der kurze Abstecher zum **Wengenhorn** (2099 m), dort kommt der Sarner See tief unten noch besser zur Geltung. Trittsichere Wanderer wählen für den Abstieg den Arnigrat, halten sich an der Kammverzweigung P. 2029 links und gelangen über den einzigartigen Aussichtspunkt Stucklichrüz (1800 m) direkt hinab nach Sachseln.
Am häufigsten wird der Wandelen von der **Älggialp** (1650 m) aus besucht. Bei der Älggialp handelt es sich um die wunderschön gelegene Hochfläche einer ehemaligen Moorlandschaft mit Alphütten, einer kleinen Kapelle und einem Berggasthaus, zu dem von Sachseln her eine Teerstraße hinaufführt (PKW-Zufahrt, Taxiverkehr). Hier oben liegt auch der geographische Mittelpunkt der Schweiz, symbolisiert durch einen Rastplatz mit Steinmauer in Form der Landesgrenzen, in dessen Zentrum ein großes trigonometrisches Vemessungszeichen steht. Vom Parkplatz wandert man nordwärts unter dem Bocki entlang, passiert eine felsige Stelle zur **Alp Chlister** (1828 m) und erreicht über das Heitlifeld schließlich den **Wandelen** (Gipfelwegweiser).

19 Güpfi, 2043 m, und Höhgrat, 1923 m

Gratwanderung für Schwindelfreie

Lungern – Güpfi – Höhgrat – Kaiserstuhl oder Giswil

Talort: Lungern am gleichnamigen See, 715 m, SBB Station.
Zielort: Kaiserstuhl am Lungerer See, Bahnstation, 700 m; oder Giswil, 485 m, Bahnstation.
Gehzeiten: Lungern – Güpfi 3 Std., Güpfi – Höhgrat 1 Std., Höhgrat – Kaiserstuhl oder Giswil 2 Std.; Gesamtzeit 6 Std.
Höhenunterschied: Lungern – Güpfi 1320 m.
Anforderungen: Anspruchsvolle Bergwanderung, Trittsicherheit und Schwindelfreiheit erforderlich, bei Nässe heikel.
Einkehrmöglichkeit: Keine.

»Achtung! Ausgesetzt!« lautet der Hinweis auf den Wegtafeln für die Überschreitung von Güpfi und Höhgrat. Daß dies kein Übertreibung ist, sieht

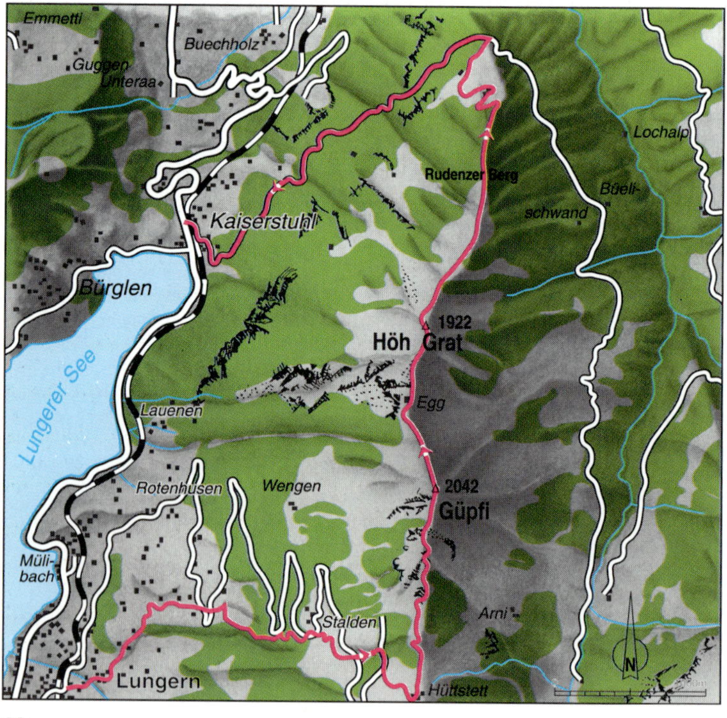

In Hüttstett beginnt der Anstieg über den Südgrat des Güpfi.

man dem Güpfi schon von weitem an. Wie eine messerscharfe Schneide ragt der völlig freistehende Gipfel über dem Kleinen Melchtal empor – eine Herausforderung an jeden schwindelfreien Bergwanderer.
Auf den Hinweistafeln in **Lungern** findet man zwar das Güpfi nicht, wohl aber den wichtigen Sattelpunkt Hüttstett, das erste Zwischenziel der Tour. Die gelben Wegzeichen leiten nordostwärts zum Dorf hinaus, führen über die Ledibrücke und zwischen den Bauernanwesen hindurch zu den weiten Weidehängen an der östlichen Talseite. Parallel zum Ledigraben geht es weiter nach Stalden (1348 m) und über den Staldenrain zur Paßhöhe **Hüttstett** (1662 m). Links zeigt ein Wegweiser mit der erwähnten Warnung (»Achtung! Ausgesetzt!«) zur formschönen Gipfelpyramide des **Güpfi**. Der deutliche Pfad gewinnt rasch an Höhe. Nach einem kurzen Waldstück steilt sich der Südgrat kräftig auf und verengt sich zu einer schmalen Schneide. Bei Nässe kann es hier heikel werden, sonst erreicht man ohne Schwierigkeiten das schlichte Gipfelkreuz. Tief unten im Westen schimmert der Lungerer See, und zur anderen Seite liegt das Kleine Melchtal, steil zwischen die Bergkämme eingeschnitten. Auch der anschließende Übergang zum nördlichen Vorgipfel P.2042 ist schmal, aber dank der Pfadspur gut begehbar. Es folgen der Abstieg in die Kammlücke von **Egg** (1809 m) und der Gegenanstieg zum **Höhgrat** (1923 m). Weit reicht hier oben der Blick nach Norden ins Obwaldener Land, vom Sarner bis zum Alpnacher See. Der Gratweg leitet weiter zum Felskopf des Arvidossen (1809 m) und senkt sich dann im Wald hinab zur Alp **Brunnenmad** (1230 m). Jetzt kann man entweder links auf der Melchtalstraße zur Bahnstation **Kaiserstuhl** (700 m) marschieren oder geradeaus via Rick und Bärfallen talwärts wandern zum Bahnhof **Giswil** (485 m).

20 Gräfimattstand, 2050 m, und Arvigrat, 2014 m

Auf dem Grenzkamm zwischen Ob- und Niederwalden

Kerns – Gräfimattstand – Arvigrat – Kerns

Talort: Kerns, 565 m, an der Postautolinie Sarnen – Stans.
Gehzeiten: Kerns – Gräfimattstand 4 Std., Gräfimattstand – Arvigrat – Kerns 3½ Std.; Gesamtzeit 7½ Std.
Höhenunterschied: Kerns – Gräfimattstand 1440 m.
Anforderungen: Nur für ausdauernde Wanderer; bei Nässe Trittsicherheit nötig.
Einkehrmöglichkeit: Keine.

Arvigrat und Gräfimattstand bilden südlich des Stanserhorns auf der Grenze von Nid- und Obwalden die Wasserscheide zwischen der Engelberger und der Sarner Aa. Der weitgehend horizontale Gratrücken erlaubt eine genußvolle Höhenwanderung mit wenig Gegenanstiegen. Wer einmal vom Gräfimattstand in den Talkessel von Engelberg, zum Sarner See oder ins enge, waldreiche Melchtal hineingeschaut hat, wird den Berg fortan zu den interessantesten Aussichtpunkten der Unterwaldner Voralpen zählen. Vom Luftkurort Kerns aus lassen sich Gräfimattstand und Arvigrat in eine reizvolle Rundtour einbinden. Wegen der steilen Bergflanken ist der Anstieg selbst recht anstrengend, oben auf der Kammhöhe jedoch wird das Wandern zum reinsten Vergnügen.

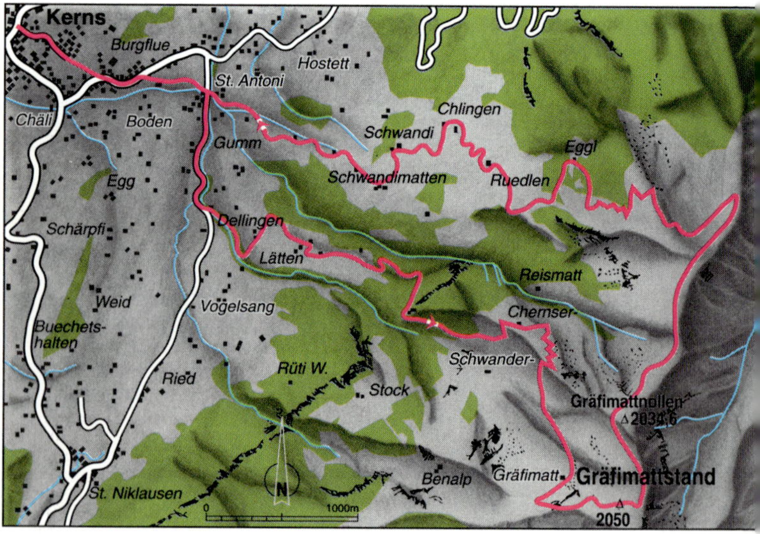

In Kerns heißt es zunächst, sich im Schilderwald der Wanderrouten zu orientieren. Für den Aufstieg wählt man am besten den Weg über St. Antoni, Stüri und Gräfimatt. Ein Wiesenpfad führt von Kerns zwischen den Anwesen hindurch zur **St. Antoni** Kapelle, dann folgt man rechts der Straße Richtung St. Niklausen bis Ober Halten (Wegweiser) und benutzt dort links den Alpweg hinauf zum Waldrand. Im Brandwald geht es kräftig bergan um eine Felsstufe herum zur **Stüri-Hütte** (1244 m). Das Gelände bleibt auch weiterhin steil. Markierungspfähle weisen den Anstieg über Bergweiden bis zu einem quer verlaufenden Sträßchen. Ein kurzes Stück ebenen Weges leitet nun links um einen Rücken herum zur Hütte von **Blacki** (1515 m), bevor erneut enge Kehren rechts zur Höhe des Kammausläufers emporziehen. Oben beginnt dann auf schmalem Pfad eine lange Hangquerung zur Alp **Gräfimatt** (1846 m, letzte Wasserstelle). Im Zickzack gelangt man schließlich hinauf in den Sattel P.1945 zwischen Höchgrat und Gräfimattstand und betritt wenig später das geräumige **Gipfeldach** (2050 m). Der Übergang zum Arvigrat führt zuerst um den Gräfimattnollen herum in den Sattel P.1847. Hier beginnt ein schmaler Kammrücken, der sich aber bald zur breiten Kuppe des Arvigrates (2014 m) verflacht. Vom Gipfel gelangt man weglos zur **Arvihütte** (1785 m). Dort trifft man auf einen Pfad, der über Weiden und im Wald ziemlich steil nach Eggli (1549 m) und weiter zu den Hütten von Ruedlen (1269 m) hinabzieht. Mit herrlichem Blick ins Sarner Tal wandert man zuletzt an Chlingen und Schwandi vorbei nach St. Antoni hinunter.

An der Alp Gräfimatt unterm Gräfimattstand; hinten der Pilatus.

21 Widderfeld Stock, 2351 m

Paßwanderung mit Gipfelabstecher

Melchtal – Storegg – Widderfeld Stock – Engelberg

Ausgangspunkt: Melchtal, 890 m, Bergdorf im gleichnamigen Tal, Postautoverbindung von Sarnen.
Zielpunkt: Engelberg, 1000 m, Bahnverbindung von Stans – Luzern; Rückkehr ins Melchtal via Hergiswil – Sarnen.
Gehzeiten: Melchtal – Storegg – Engelberg 5½ Std., Melchtal – Bocki-Rotisand – Engelberg 6½ Std.; Abstecher zum Widderfeld Stock 1 Std. zusätzlich.
Höhenunterschied: Melchtal – Storegg 850 m; Melchtal – Bocki-Rotisand 1300 m; bei Benutzung der Seilbahn zur Rütialp jeweils 450 Höhenmeter weniger; Bocki-Rotisand – Widderfeld Stock 150 m.
Anforderungen: Leichte Bergwanderung auf der Storegg-Route, gut markiert; Variante über Bocki-Rotisand nur für erfahrene, ausdauernde Bergwanderer, Orientierungsprobleme bei Nebel.
Einkehrmöglichkeit: Bergrestaurant Rütialp, 1333 m.

Der Storegg (1742 m), ein seit alters her bekannter Paßübergang von Engelberg ins Melchtal, hat in früheren Jahrhunderten eine wichtige Rolle in der Geschichte Obwaldens gespielt. Heute wird er vor allem von Wanderern geschätzt, die hier bequem vom einen Talsystem ins andere gelangen. Landschaftlich interessanter ist aber die Nebenroute über den etwas südlicher gelegenen Bocki-Rotisand (2204 m), dort wirkt die Umgebung ungleich zerklüfterter und dramatischer. Außerdem bietet sich mit dem Abstecher zum leicht erreichbaren Widderfeld Stock (2351 m) noch ein lohnendes Gipfelziel an, dessen respektable Höhe der Tour eine alpine Note verleiht.
Ausgangspunkt für Storegg wie für den Bocki-Rotisand ist Melchtal, ein reizvoll in die grüne Voralpenlandschaft einbettetes Bergdorf mit einer sehenswerten Wallfahrtskirche von 1928. Für die erste Etappe zur **Rütialp** (1338 m) wird in der Regel die kleine Luftseilbahn benutzt, zu Fuß benötigt

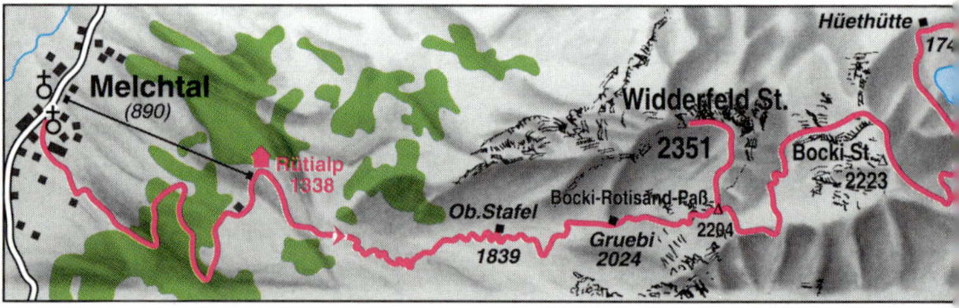

man dafür via Hinter Walsi und Rütiwald etwa eine Stunde. Bei der kleinen Bergwirtschaft mit dem herrlichen Blick ins Melchtal gabelt sich der Wegverlauf. Die Storegg-Route führt unten an der Nordostflanke des Widderfeld Stocks zum **Storegg** (1742 m), quert auf der anderen Paßseite zum Luter

Vom Bocki-Rotisand sind es nur wenige Minuten zum Gipfel des Widderfeld Stock.

See (1701 m), passiert die Terrasse des Zingelschafberges und leitet über den Staldirain nach Engelberg hinab.

Der Anstieg zum Bocki-Rotisand beginnt mit einem schmalen Grünrücken, dann folgen zahlreiche Kehren zur Hangstufe der Oberstafel (1839 m). Das Gelände wird nun allmählich rauher. Über eine zweite Hangstufe erreicht man die Hütte von **Gruebi** (2024 m), dann geht es im Geröllkessel zwischen Nünalphorn und Widderfeld Stock gegen den Paßeinschnitt empor. Der **Bocki-Rotisand-Paß** (2204 m) überrascht mit instruktive Einblicken ins Engelberger Tal und in die Gletscherregion der Urirotstock-Gruppe. Noch umfassender ist die Aussicht vom nahen **Widderfeld Stock** (2351 m). Im Sommer kann es vorkommen, daß man sich dort oben das prächtige Gipfelpanorama mit den Kühen teilen muß. Der Abstieg vom Bocki-Rotisand verläuft später nordwärts durch die Mulde von Bocki, passiert rechts haltend den engen Einschnitt zwischen Hohliecht und Bockistock und schlängelt sich um den Felsabbruch der Ober Frutt herum zum **Luter See**.

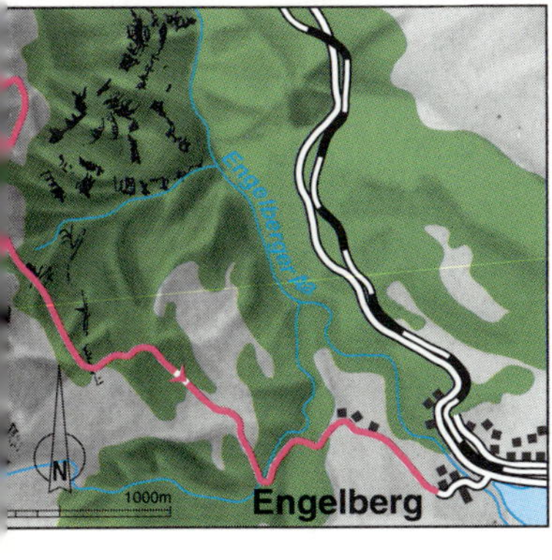

Hier gewinnt man wieder den Anschluß an die Hauptroute.

22 Jochpaß, 2207 m

Klassische Paßwanderung unterm Titlis

Melchtal – Melchsee – Jochpaß – Engelberg

Ausgangspunkt: Melchtal, 890 m, Hauptort im gleichnamigen Tal, Postauto von Sarnen.
Zielpunkt: Engelberg, 1000 m, Bahnverbindung von Luzern – Stans.
Gehzeiten: Melchtal – Melchsee 3½ Std., Melchsee – Jochpaß 3 Std., Jochpaß – Engelberg 2½ Std.; Gesamtzeit 9 Std.
Höhenunterschied: Melchtal – Jochpaß 1310 m, Melchsee – Jochpaß 300 m.
Anforderungen: einfache Bergwanderung, die jedoch wegen der Länge der Wegstrecke Ausdauer erfordert.
Einkehrmöglichkeiten: Stöckalp (1075 m), Melchsee, (1891 m), Jochpaß (2207 m), Trüebsee (1766 m).

Bei allem Vorbehalt gegen Superlative: Die schönste Paßwanderung der Innerschweiz führt von Engelberg über den Jochpaß zum Melchsee bzw. ins Melchtal! Die Route verläuft dicht unter der Eiskappe des Titlis an der Nahtstelle von Vor- und Hochalpen und berührt fünf herrlich gelegene Bergseen. Wegen der natürlichen Steigerung der landschaftlichen Eindrücke empfiehlt es sich, die Wanderung im Melchtal zu beginnen. Wer sich den gesamten, knapp zehnstündigen Weg von Melchtal bis Engelberg nicht zutraut, kann auch an der Postautohaltestelle Stöckalp im Talschluß starten oder von dort die Seilbahn zur Melchsee-Frutt hinauf benutzen.
Die erste Etappe von **Melchtal** (890 m) zur Stöckalp verläuft weitgehend auf romantischen Uferwegen parallel zur Melchaa. An der **Stöckalp** (1075 m) beginnt die erste größere Steigung. Bis zur Melchsee-Frutt sind mehr als 800 Höhenmeter zu bewältigen. Früher ließen sich die Kurgäste in Sänften zum Melchsee emportragen, seit 1936 übernimmt eine Kabinenbahn diese Aufgabe. Heute ist es wieder in Mode, zu Fuß zu gehen. Dabei genießt man mehrheitlich kühlen Waldschatten. Herrlich ist das Wegstück unterhalb der Cheselenflue, deren 1000 m hohen Kalkwände widerhallen vom Rauschen und Brausen zahlreicher Wasserfälle. Wie von Geisterhand verstreut liegen überall riesige Felsklötze,

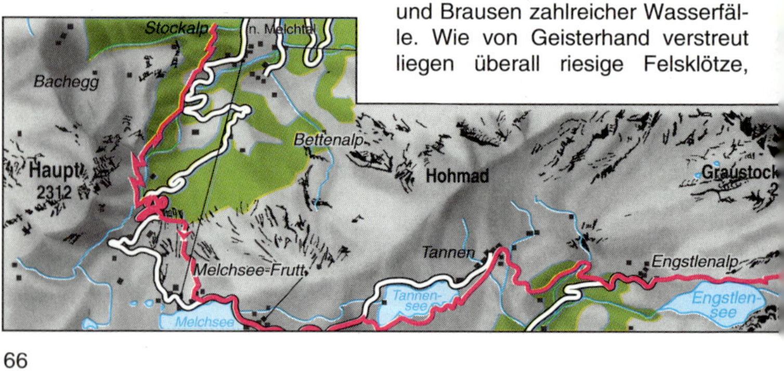

Die Jochpaßroute verläuft u.a. vor der Kulisse des Titlis am Trüebsee entlang.

zwischen denen sich eine reichhaltige Alpenflora ausgebreitet hat. Oberhalb der Aastafel betritt man eine ganz andere Vegetationszone, nämlich kahle Karrenfelder mit einem Labyrinth tiefer Riefen und Spalten. Wenig später verflacht das Gelände zur weiten Hochebene von **Melchsee-Frutt** (1900 m), einer grünen Oase inmitten hoher Bergspitzen. Vom belebten Melchsee führt der Wanderweg am Tannensee entlang nach Tannen und schlängelt sich hinter der Kapelle hinab zum **Engstlensee** (1850 m). Die Gipfel links und rechts werden immer impossanter. Ein kurzer Anstieg führt schließlich hinauf zum **Jochpaß** (2207 m). Sessellift und Seilbahn verkürzen bei Bedarf den Abstieg, ansonsten wandert man zum Trüebsee hinunter (1766 m) und gelangt via Gerschnialp hinab nach **Engelberg**.

23 Surenenpaß, 2291 m

Langer Übergang von Engelberg ins Reußtal

Engelberg – Surenenpaß – Attinghausen

Den Talschluß von Engelberg dominieren Schloßberg und Gr.Spannort.

Ausgangsort: Engelberg, 1000 m.
Zielort: Attinghausen, 476 m, Postautoverbindung nach Altdorf.
Gehzeiten: Engelberg – Surenenpaß 4½ Std., Surenenpaß – Attinghausen 4 Std.; Gesamtzeit 8½ Std.
Höhenunterschied: 1290 m.

Anforderungen: Einfache, aber lange Bergwanderung, Teilstück Angistock – Brüsti verlangt Trittsicherheit, kann jedoch auf altem Paßweg über Waldnacht umgangen werden.
Einkehrmöglichkeit: Alpenrösli (1258 m), Brüsti (1525 m).

Zwischen den Felswänden von Blackenstock und Schlossberg vermittelt der tief eingeschnittene Surenenpaß die einzige Verbindung von Engelberg ins Reußtal. Schon im Mittelalter trieben die Urner über diesen Paß ihr Vieh auf die Weiden der Surenenalp und damit auf Engelberger Gebiet. Wegen der damit

verbundenen Überschreitung seiner natürlichen orographischen Grenzen geriet Uri im 13. und 14. Jahrhundert in blutige Auseinandersetzungen mit dem Klosterstaat. Die Surenenalp gehört heute gänzlich zum Kanton Uri und ist wie der Urner Boden östlich des Klausenpaßes ein Indiz für die kriegerische Landnahme der Urner Vorfahren.

Man verläßt **Engelberg** westwärts, wandert an der großen Klosteranlage vorbei und erreicht auf dem flachen Talboden Herrenrüti (1165 m). Das Gelände steigt nun allmählich an. Wenig später passiert man das Restaurant Alpenrösli (1298 m), die letzte Verpflegungsstation am Weg. Ab **Stäfeli** (1393 m) verläuft der Paßweg weiter streng parallel zum wilden Stieren Bach. Im Rückblick schaut man über die auffallend große Hangterrasse der Äbnet Alp talauswärts zum alles dominierendenTitlis. Bald rückt auch der Einschnitt des **Surenenpasses** ins Blickfeld, der dank des gut angelegten Saumpfades ohne Mühe erklommen wird. Auf der anderen Seite geht es dann unter den Felsabbrüchen des Brunnistocks hinab zum **Angistock** (2004 m), von dem aus eine sehr reizvolle Gratwanderung über den Geissrüggen zum Chräienhöreli und zur Bergstation der **Brüsti-Bahn** (1525 m) führt. Traumhaft schön ist hier der Blick ins Reußtal, zur ebenmäßigen Pyramide des Bristen und zur Windgällenkette. Die Seilbahn nach Attinghausen würde den Abstieg drastisch verkürzen, ungleich lohnender ist es jedoch, die Tour zu Fuß fortzusetzen. Hinter Höchiberg trifft man auf ein mit Steinen ausgepflastertes Wegstück, das in einigen

Waldkehren nach Mettlen hinabführt, ganz in der Nähe der alten St. Onophrius Kapelle (1723). Zum Schluß leitet ein Sträßchen nach Attinghausen hinein. Im Dorf befindet sich über dem westlichen Reußufer die bedeutenste Burganlage im Kanton Uri, der ehemalige Sitz der Freiherrn von Attinghausen. Diesen sollte man sich zum Ausklang der Wanderung unbedingt anschauen.

24 Juchli, 2171 m, und Huetstock, 2676 m, bzw. Nünalphorn, 2385 m

Für Paßwanderer und Gipfelsammler

Engelberg – Juchli (– Nünalphorn – Huetstock) – Melchtal

Ausgangspunkt: Engelberg, 1000 m.
Zielort: Melchtal, 890 m, Postautoverbindung von und nach Sarnen. Rückkehr nach Engelberg via Sarnen – Hergiswil.
Gehzeiten: Engelberg – Juchli 3½ Std., Juchli – Nünalphorn ½ Std., Juchli – Huetstock 1 Std., Abstieg Juchli – Melchtal 2½ Std.; Gesamtzeit mit Gipfelabstecher 7 – 8 Std.

Höhenunterschied: Engelberg – Juchli 1170 m, Juchli – Nünalphorn 210 m, Juchli – Huetstock 500 m.
Anforderungen: Juchlipaß und Nünalphorn Wanderung auf gut bez. Wegen, jedoch steil; Huetstock nur für erfahrene, trittsichere Bergwanderer.
Einkehrmöglichkeit: Berggasthaus Arniwang, 1333 m.

Der Weg übers Juchli ist der steilste der drei Übergänge von Engelberg ins Melchtal. Jochpaß und Storegg sind bequemer zu erwandern, dafür wirkt die Juchli-Tour um vieles alpiner. Diese Paßroute quert nämlich die Bergkette zwischen den beiden Tälern an ihrer interessantesten Stelle. Auf dem hohen Scheitelpunkt des Juchli steht man im Zentrum einer wildgeformten Felslandschaft. Links und rechts locken zudem zwei ansehnliche Gipfelziele, das kecke Nünalphorn für Genießer sowie der klotzige Huetstock für Ehrgeizige. Die Anstiege sind zwar gut markiert, der Huetstock verlangt aber gleichwohl Trittsicherheit und ein wenig Geschicklichkeit. Daß dieser Berg nicht ganz harmlos ist, sieht man bereits unten in Engelberg. Sein massiges Felsdach mit den nordseitig eingeschnittenen Firnfeldern hebt sich deutlich von den übrigen Voralpengipfeln ab. Einen Schönheitsfehler besitzt die Juchli-Tour allerdings, und zwar den kräftezehrenden Geröllschlauch des

Der markante Gipfelaufbau des Huetstock.

Juchligrabens nördlich unterhalb der Paßhöhe, in den bereits zur Morgenstunde die Sonne hineinscheint.
Den ersten Hinweis aufs Juchli liefern die Wegtafeln am Bahnhof **Engelberg**. Man durchquert das Dorf längs der Engelberger Aa bis zur Örtigenbrücke und wandert an Eggli vorbei in die bewaldete Schlucht des Arnilochs hinein. Später geht es links durch den engen Wangtobel hinauf zum Berggasthaus **Arniwang** (1333 m). Hier beginnt der schweißtreibende Teil des Anstieges. Zunächst führt ein Alpweg westwärts bergan zur Hangstufe von Ober Arni, dann leiten gut sichtbare Markierungen zum Juchligraben, in dem ein steiler Zickzackweg zur **Paßhöhe** empor zieht (2171 m). Oben zweigen rechts Pfadspuren zum **Nünalphorn** (2385 m) ab, das im kurzweiligen, halbstündigen Anstieg am hübsch geschwungenen Südgrat erreicht wird. Etwa doppelt soviel Zeit kostet der Huetstock: Auf der Schutt-Terrasse des Schärpfi gelangt man vom Juchli zum P.2217 am Vorstegg. Dort weisen die Markierungen mit den Huetstock-Initialen nach links. Man übersteigt auf Felsstufen und Grasbändern den Zahm Geissberg (P.2514) und erreicht schließlich längs des schmalen Verbindungsgrates den eigentlichen **Huetstock-Gipfel** (2676 m). Atemberaubend ist hier der Einblick in den Engelberger Talkessel samt dessen herrlicher Hochgebirgsumrahmung. Der Abstiegsweg vom Juchli verläuft zuerst horizontal zur Nünalp (2130 m), quert dann hinüber zum schönen Aussichtspunkt Stäfelihörnli (1920 m) und windet sich auf einem Geländerücken hinab zur **Alp Stock** (1515 m). Über ausgedehnte Weiden geht es weiter bis Turren (1229 m), ehe ein schattiger Waldweg zum Dorf **Melchtal** führt.

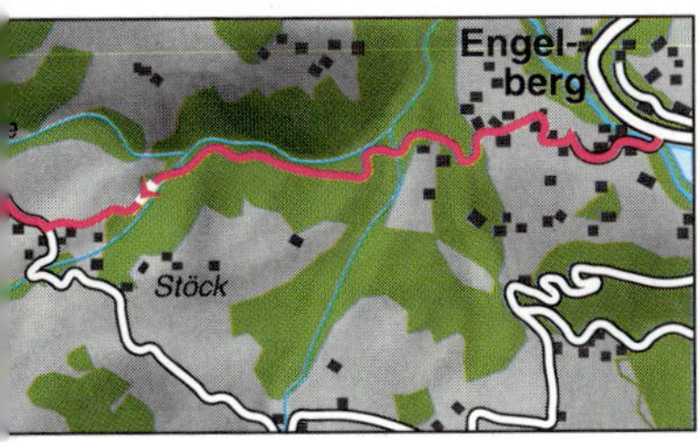

25 Bannalper Schonegg, 2250 m, und Chaiserstuel, 2400 m

Von der Banalp zum Urner See

Chrüzhütte – Schonegg – Chaiserstuel – Schonegg – St. Jakob

Vom Bannalper Schonegg erreicht man auf kurzem Abstecher den Chaiserstuel.

Talort: Oberrickenbach, 890 m, Postauto von der Bahnstation Wolfenschiessen.
Ausgangspunkt: Oberrickenbach oder Chrüzhütte, 1717 m, Seilbahn von Oberrickenbach.
Gehzeiten: Oberrickenbach – Chrüzhütte 2½ Std., Chrüzhütte – Schonegg 1½ Std., Schonegg – Chaiserstuel ½ Std., Schonegg – St.Jakob 1½ Std., Gesamtzeit 6 Std.
Höhenunterschied: Oberrickenbach – Schonegg 1350 m, Chrüzhütte – Schonegg 550 m, Schonegg – Chaiserstuel 150 m.
Anforderungen: Einfache Bergwanderung, bei Nebel auf den weiten Alpflächen Orientierungsprobleme.

Zu den schönstgelegenen Ansiedlungen im Kanton Nidwalden zählt Oberrickenbach (890 m) im Seitental der Engelberger Aa. Man glaubt sich hier rundherum eingeschlossen von Bergen und Felsgürteln, von Waldhängen und steilen Matten. In

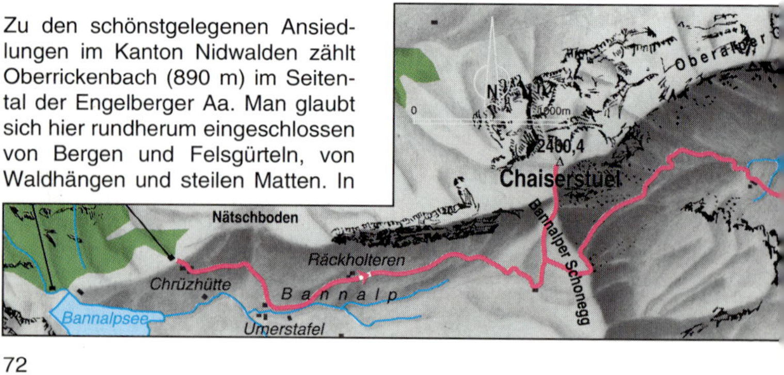

den dreißiger Jahren dieses Jahrhunderts war der Ort Schauplatz heftiger lokalpolitischer Auseinandersetzungen, als es um den Plan eines Stausees auf der Bannalp ging und um die Eigenversorgung Nidwaldens mit Elektrizität. Der Stausee hoch über dem Talkessel von Oberrickenbach wurde schließlich doch gebaut, und heute ist er nicht nur energiewirtschaftlich, sondern auch touristisch von Bedeutung. Vor allem die **Chrüzhütte** oberhalb des Banalpsees ist ein idealer Ausgangspunkt für Wanderungen in die verschiedenen Winkel und Seitentäler der Unterwaldner Voralpen. An erster Stelle sei hier die Bannalper Schonegg genannt, einer der reizvollsten Übergänge aus dem Engelberger Tal zum Urner See.
Der gut ausgeschilderte Weg führt zuerst abwärts zur **Urnerstafel** (1690 m), dem Knotenpunkt aller Wanderrouten auf der Bannalp. Im weiteren verläuft die Tour stetig bergan, immer in Sichtweite zu den bizarren Felsformationen der Walenstöcke, bis man in östlicher Richtung über offenes Weidegelände die Einsattelung der **Bannalper Schonegg** (2250 m) erreicht. Hier leitet links ein ausgetretener Pfad auf der Kammhöhe an den Aufbau des Chaiserstuels heran, der westseitig durch einen trümmerübersäten Hang leicht bis zur blumenreichen Gipfelwiese (2400 m) erstiegen werden kann. Dieser kurze Abstecher lohnt sich unbedingt, denn am **Chaiserstuel** steht man direkt an der Nahtstelle von Vorbergen und Hochalpen. Zurück auf der Wasserscheide der Schonegg geht es praktisch nur mehr bergab. Die Paßroute leitet um den Felsriegel Sulz herum zur **Hinter Alp** (1781 m), folgt dem Fahrweg zur Großalp und senkt sich allmählich hinab gegen den bewaldeten Grund des Großtals. Auf diese Weise taucht man immer tiefer zwischen den flankierenden Bergketten ein und erreicht schließlich in **St. Jakob** (990 m) die erste Postautohaltestelle im Tal. Gut drei Kilometer sind es nun noch talauswärts bis Isenthal (770 m), und wer Ausdauer hat, der marschiert auch die letzten zwei Kilometer zur Schiffsstation Isleten (450 m) ganz unten am Urner See.

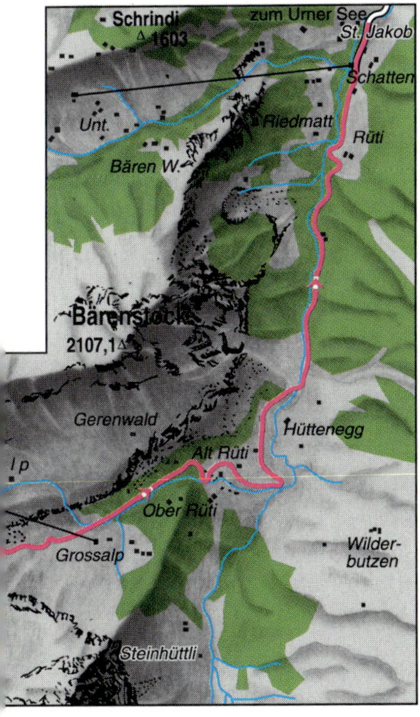

26 Wissigstock, 2887 m, und Engelberger Rotstock, 2819 m

Vom Bergwandern zum Bergsteigen

Ristis – Ruggubelhütte – Engelberger Lücke – Wissigstock – Engelberger Lücke – Engelberger Rotstock – Ristis

Talort: Engelberg, 1000 m, Bahnlinie von Luzern – Stans.
Ausgangspunkt: Ristis, 1600 m, erreichbar mit Luftseilbahn von Engelberg.
Gehzeiten: Ristis – Ruggubelhütte 2½ Std., Ruggubelhütte – Engelberger Lücke 1 Std., Engelberger Lücke – Wissigstock – Engelberger Lücke 1½ Std., Engelberger Lücke – Engelberger Rotstock ¼ Std., Abstieg ¼ Std.; Engelberger Lücke – Ruggubelhütte ¾ Std., Abstieg bis Ristis 1½ Std.; Gesamtzeit 7 – 8 Std.
Höhenunterschied: Ristis – Wissigstock 1287 m.
Anforderungen: Leichte Bergtour, keine Kletterei, keine Gletscherberührung.
Einkehr und Unterkunft: Ruggubelhütte SAC, 2290 m, von Juni bis Oktober bewirtschaftet.

Im Talschluß von Engelberg gehen die Voralpen allmählich in die Hochalpen über, und das Bergwandern entwickelt sich schrittweise zum Bergsteigen. Am besten wird das an den Gipfeln rund um die Ruggubelhütte deutlich, vor allem am Wissigstock und am Engelberger Rotstock. Man bewegt sich zwar auf markierten Wegen und Pfadspuren, kommt aber im Gipfelbereich mit Firnfeldern bzw. steilem Geröll in Berührung. Die Besteigung der Gipfel erfolgt meist als Tagestour von der Bergstation der Brunni-Bahn aus (Ristis, 1600 m). Man kann die Sache aber auch auf zwei Tage verteilen und in der Ruggubelhütte (2294 m) nächtigen.
Die erste Etappe bis zur Ruggubelhütte hat den Charakter einer Höhenwanderung, nur die letzten Kehren am grünen Buckel des Planggen kosten etwas Schweiß. Von der **SAC-Hütte** sind die beiden Gipfelziele im Osten bereits gut

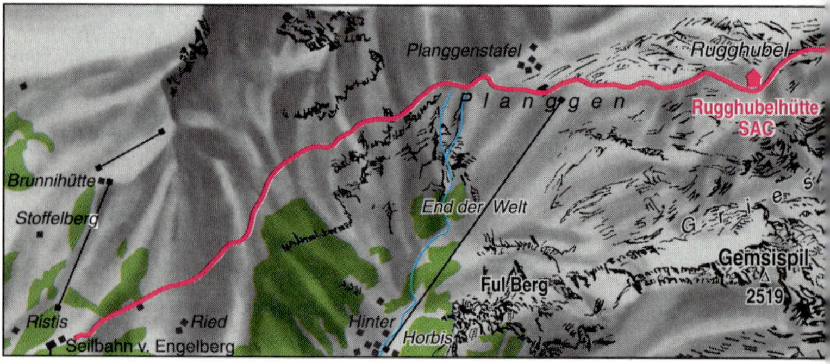

Engelberger Rotstock (links), Engelberger Lücke und Wissigstock (rechts).

zu erkennen, links die Pyramide des Engelberger Rotstocks, rechts davon der breitgelagerte Wissigstock, und dazwischen die Engelberger Lücke.
Die zweite Hälfte der Tour ist anstrengender als die erste. Im Gras und Trümmerwerk geht es unter den Felswänden des Ruchstocks Richtung Rotgrätli. Am P.2442 zweigt links eine schwach erkennbare Spur ab und steigt über Moränenschutt und Firnreste gegen die **Engelberger Lücke** empor (2686 m). Hier öffnet sich nach Osten mit dem gleißenden Weiß des Schlossfirns eine ganz andere Welt. Die wird jedoch nicht betreten. Um zum **Wissigstock** zu gelangen, hält man sich streng rechts und gewinnt über den harmlosen Nordwestrücken rasch das geräumige Gipfeldach (2887 m). Erstaunlich weit ist dort oben die Rundsicht. Vom Urirotstock und Titlis bis zum Dammastock stehen die gesamten Urner Alpen aufgereiht, überragt von den 4000ern der Berner Alpen. Im Unterschied zum Wissigstock verlangt der **Engelberger Rotstock** ein Mindestmaß an Trittsicherheit. Wegspuren leiten aus der Engelberger Lücke durch die steile schuttbedeckte Südflanke, wobei einzelne Felsstufen zur Vorsicht mahnen. Der **Abstieg** erfolgt auf gleicher Route.

27 Hochstollen, 2481 m, und Glogghüs, 2534 m

Aussichtsgipfel über dem Melchsee

Melchsee – Hochstollen – Glogghüs – Hochstollen – Melchsee

Ausgangspunkt: Melchsee-Frutt, 1902 m, Seilbahn und Straße von der Postautohaltstelle Stöckalp im Melchtal.
Gehzeiten: Melchsee – Hochstollen 2 Std., Übergang zum Glogghüs 2 Std. hin und zurück, Abstieg 1 Std.; Gesamt 5 Std.
Höhenunterschied: Melchsee – Hochstollen 580 m, Melchsee – Glogghüs 640 m.
Anforderungen: Einfache Bergwanderung bis zum Hochstollen, Trittsicherheit sowie Schwindelfreiheit beim Übergang zum Glogghüs vonnöten.
Einkehr: Restaurants am Melchsee.
Variante: Gemütlicher Abstieg vom Fulenberg über Hohsträss zur Seilbahnstation Käserstatt oberhalb Wasserwendi am Hasliberg; sehr lohnend bei der Benutzung öffentlicher Verkehrsmittel.

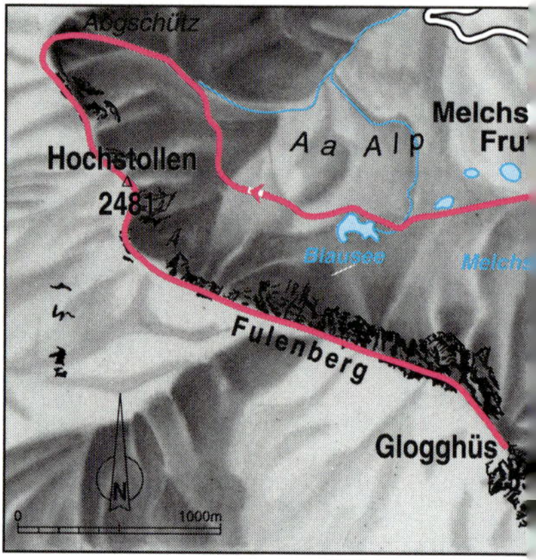

Die Region Melchsee-Frutt im Abschluß des Melchtals ist neben der Exklave Engelberg das Bergwanderrevier in Obwalden schlechthin. Das grüne Weideparkett, die blauen Bergseen darin und die Kulisse bizarr geformter Kalkgipfel bilden ein kleines Stückchen Voralpenparadies im Herzen der Schweiz. Im Norden wird der Melchsee-Kessel von den tief zerfurchten Karrenfeldern der Schratten begrenzt, im Süden dagegen von dem auffälligen Felsbug des Hochstollen sowie vom scharfgeschnittenen Glogghüs. Der leicht erreichbare Hochstollen ist der interessanteste Aussichtsberg weitum. Wandelen, Gibel oder Güpfi bieten gewiß ähnlich schöne Tiefblicke, aber am Hochstollen kommt noch der Genuß eines »Breitwandpanoramas« hinzu. Die Urner und die Berner Alpen zeigen aus idealer Distanz all ihren Gletscherreichtum, tief unten im Westen schimmert der Brienzer See, und nordwärts steht die Firnhaube des Titlis genau über der Achse Melchsee – Tannensee – Engstlensee! Auch vom Glogghüs ist die Rundsicht fabelhaft, aber dort muß man zuvor den exponierten Gipfelaufbau meistern. Damit sind die Rollen verteilt – der Hochstollen fürs Familienprogramm, der weitere Übergang zum Glogghüs nur für den erfahrenen Bergwanderer.
Ausgangspunkt ist die Seilbahnstation **Melchsee-Frutt** (1902 m), erreichbar auch auf der Melchseestraße im zeitlich geregelten Einbahnverkehr. Von der Frutt wandert man westwärts über den Melchseedamm und erreicht auf

Die felsige Ostflanke des Hochstollen mit ihrem charakteristischen Schichtaufbau.

Alpweiden bald das still verträumte Blauseeli. Links und rechts liegen mächtige Felsblöcke wie von Zyklopenhand verstreut. Vor den dunklen Felsabstürzen von Fulenberg und Hochstollen steigt der markierte Weg allmählich aufwärts zum Einschnitt des **Abgschütz** (2222 m). Hier öffnet sich ein prächtiger Ausblick ins Kleine Melchtal und in den Melchsee-Kessel, aber das ist nur ein kleiner Vorgeschmack auf die Rundsicht vom **Hochstollen**. Dessen flach abgedachter NW-Grat beginnt in Abgschütz und leitet ohne Probleme zur grasgepolsterten Gipfelkuppe. Wer trittsicher ist und schwindelfrei, darf jetzt weitergehen Richtung Glogghüs. Zunächst beginnt alles ganz harmlos mit einem kurzen Abstieg zum **Wit Ris** (2321 m) und dem waagerechten Gratrücken des Fulenberges (2331 m). Beim Näherkommen steilt sich der **Glogghüs** jedoch mehr und mehr zu einer schmalen Schneide auf. Aus dem kleinen Sattel am Fuße des NW-Grates hält man sich rechts und gewinnt auf einem Pfad an der Südseite den ersten Gratabsatz. Der eigentliche Gipfelaufschwung wird dann in der stark geneigten grasbedeckten Südwestflanke erklommen. Bei Nässe kann die letzte Etappe heikel werden, besonders im Abstieg. Der Rückweg erfolgt am besten auf der selben Route, d.h. über der Hochstollen hinweg ins Abgschütz und zum Melchsee. Der direkte Abstieg durch das große Schutt-Couloir des Wit Ris zum Blauseeli ist gefährlich und wird deshalb auch nicht mehr markiert.

28 Benediktusweg

Auf dem Nidwaldner Höhenweg

Niederrickenbach – Oberrickenbach – Engelberg

Ausgangspunkt: Niederrickenbach, 1162 m, erreichbar mit Seilbahn von der Station Dallenwil.
Zielpunkt: Engelberg, 1000 m, Bahnverbindung nach Stans – Luzern.
Höhenunterschied: Insgesamt ca. 1200 Höhenmeter im Anstieg.
Gehzeiten: Niederrickenbach – Oberrickenbach 2½ Std., Oberrickenbach – Engelberg 4 Std.; Gesamtzeit 6½ Std.
Anforderungen: Leichte Bergwanderung.
Einkehrmöglichkeiten: Oberrickenbach, 890 m; Ristis, 1600 m.

Jede Bergregion, die etwas auf sich hält, hat »ihren« Höhenweg. So gibt es z.B. im Wallis die Lötschberg-Südrampe oder im Tessin die berühmte Strada Alta. Auch die Region des Engelberger Tals besitzt ihre Höhenroute, nämlich den Benediktusweg vom Benediktinerinenkloster Niederrickenbach zum Benediktinerkloster Engelberg. Er verläuft mit einigen kräftigen Zwischenanstiegen in halber Höhe über der östlichen Talseite der Engelberger Aa und gewährt sehr instruktive Einblicke in die Seitentäler, Gipfel und Gletscherregionen der Unterwaldner Alpen.
Den Anfang der Tour bildet ein ebener Wiesenweg zur Alpboden-Brücke, dahinter verschwindet der Weg im Wald und führt horizontal zum freien Wiesenhang an der sog. Wandflue. Der schöne Aussichtspunkt P.1079 hoch über dem Engelberger Tal heißt bei den Nidwaldnern »Bäigelers Blätz«. Ein steiles

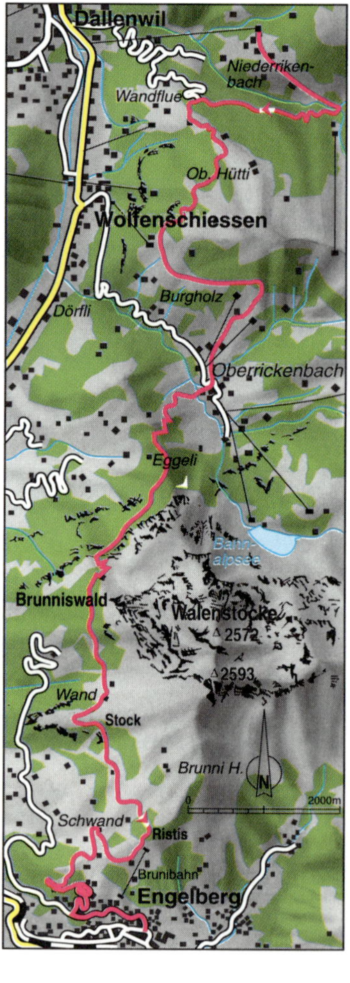

Der Nidwaldner Höhenweg beginnt in Niederrickenbach; im Hintergrund der Pilatus.

Wegstück steigt jetzt über einen ausgeprägten Weiderücken zur Mittlist Hütti (1329 m) und leitet weiter über die Plüschtgen Alp zur markanten Kammschulter bei **Ober Sack**. Von diesem Eckpunkt zeigt sich sehr schön die ganze Gipfelkette westlich der Engelberger Aa. Ein schmaler Pfad zieht durch die Bergflanke des Haldiwald südwärts hinab zum Schmidsboden (1215 m), wo man gegebenenfalls die Kabinenbahn nach Oberrickenbach (890 m) benutzen kann. Der Fußweg selbst verläuft fast parallel zur Seilbahn, vorbei an den Alphütten Schiltli, Vorsäss und Schützenmatt. Das Bergdorf **Oberrickenbach** (894 m) markiert den tiefsten Punkt der Wanderung. Steil ist der Gegenanstieg nach Südwesten empor zum **Eggeligrat** (1233 m), einem blumenübersäten Wiesenkamm, der einen idealen Rastplatz abgibt. Das folgende Wegstück quert dicht unter dem Schrofensockel der Walenstöcke zur Schwarzwaldalp und windet sich dort in einem halben Dutzend Kehren bergan zum Spissegg (1670 m). Nach einer weiteren Hangquerung erreicht man schließlich die Kammhöhe **Stock** (1730 m), den besten Aussichtspunkt am Benediktusweg. Das gesamte Engelberger Tal läßt sich von hier oben überblicken. Von Scheitelpunkt der Wanderung geht es praktisch nur mehr bergab, zuerst nach Chruteren und dann weiter zur Sonnenterrasse **Ristis** (1600 m), einem letzten bezaubernden Aussichtspunkt am Höhenweg. Ab Ristis kann man die Seilbahn nehmen oder auf dem letzten Stück wie durch eine Parklandschaft genußvoll talwärts wandern, über Turnegg, Bergli und Fellenrüti.

29 Gibel, 2036 m

Aussichtskanzel über dem Haslital

Lungern – Gibel – Chlingstuel – Käserstatt

Ausgangspunkt: Lungern, 715 m, Bahnstation.
Endpunkt: Käserstatt, 1831 m, Seilbahnverbindung nach Wasserwendi (1200 m, Postautohaltestelle).
Gehzeiten: Lungern – Gibel 4 Std., Gibel – Chlingstuel – Käserstatt 2 Std.; Gesamtzeit 6 Std.
Höhenunterschied: Lungern – Gibel 1300 m, Gibel – Chlingstuel 160 m.
Anforderungen: Bergwanderung; bei der Überschreitung des Chlingstuel ist Trittsicherheit angenehm. Der Chlingstuel kann aber auch leicht in der Südflanke umgangen werden.
Einkehrmöglichkeit: Käserstatt.

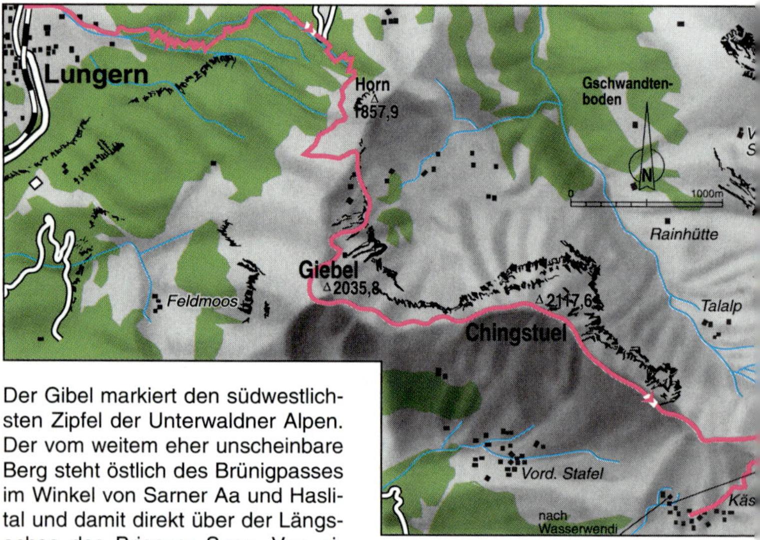

Der Gibel markiert den südwestlichsten Zipfel der Unterwaldner Alpen. Der vom weitem eher unscheinbare Berg steht östlich des Brünigpasses im Winkel von Sarner Aa und Haslital und damit direkt über der Längsachse des Brienzer Sees. Von einem Gipfel mit solchen »Eckdaten« darf man natürlich ungehinderte Talblicke erwarten, doch was der Gibel diesbezüglich zu bieten hat, übertrifft alle Vorstellungen. Der berühmte Brienzer See zeigt sich in seiner gesamten Ausdehnung, der Lungerer See ist zu sehen, und natürlich das tief zwischen Urner und Berner Alpen eingeschnittene Haslital. Damit nicht genug, schaut man nordwärts ins Kleine Melchtal hinab sowie südwärts ins enge Rosenlaui hinein, und über den grünen Vorbergen des Aaretal ragen im herrlichen Kontrast die gewaltigen Gletschergipfel des Berner Oberlandes empor, vom

Vom Gibel schaut man südwärts auf Eiger (rechts), Mönch und Wetterhörner.

Wetterhorn bis zum bekannten Dreigestirn Eiger, Mönch und Jungfrau. Am besten verbindet man den Besuch dieses einzigartigen Aussichtspunktes mit einer Panoramawanderung hoch über dem Hasliberg, also von Lungern über den Gibel und den Chlingstuel-Kamm bis zur Seilbahnstation Käserstatt.
Den Auftakt der Tour bildet oberhalb von **Lungern** der steile Anstieg im Bannwald zwischen den beiden Wasserläufen des Eibachs. »Zwüschbachweg« nennen die Einheimischen diesen etwas mühsamen Zickzackpfad, der bis unter den Felssockel des kühn geformten Horns leitet. Hier trifft man auf den Querweg Hüttstett-Feldmoos, folgt ihm zunächst ein Stück nach rechts, um später links zur Unterhornalp abzubiegen. An der **Unterhornalp** (1738 m) lichtet sich der Wald. Auf Wiesenhängen geht es ostwärts in den kleinen Sattel P.1828 zwischen Horn und Gibel und weiter nach Süden über die weite Bergalp zum **Gibel**-Hochplateau. Den schönsten Tiefblick genießt man übrigens nicht vom Gipfel selbst, sondern vom südlich vorgeschobenen P.1974.
Ein breiter Kamm zieht vom Gibel ostwärts zum **Chlingstuel** (2117 m). Letzterer wird auf gutem Pfad an der Südseite des Westgrates bestiegen. Wuchtig baut sich im Osten der Hochstollen auf, und dahinter schimmern die Firnfelder des Triftgebietes. Schmal, aber ungefährlich ist der Übergang zum **Hohbiel** (2037 m). Von dort gelangt man rasch hinab zum winzigen Seeauge im Fruttli (P.1928), wo rechts ein bequemer Weg zur Alpsiedlung **Käserstatt** (1827 m) führt. Mit der Seilbahn sind es jetzt noch zwanzig Minuten bis Wasserwendi (1200 m), zu Fuß dauert der Abstieg doppelt so lange. Ab Wasserwendi verkehrt das Postauto zum Brünigpaß, mit Bahnanschluß zum Ausgangspunkt Lungern.

30 Rotsandnollen, 2700 m

Skigipfel im Sommer

Melchsee-Frutt – Rotsandnollen – Melchsee-Frutt

Ausgangspunkt: Melchsee-Frutt, 1902 m, Seilbahn und Straße von der Postautohaltstelle Stöckalp im Melchtal.
Gehzeiten: Melchsee-Frutt – Rotsandnollen 3 Std. (von der Seilbahnstation Bonistock 2½ Std.), Abstieg 1½ Std.; Gesamtzeit 4 – 5 Std.
Höhenunterschied: Melchsee-Frutt – Rotsandnollen 800 m.
Anforderungen: Bergwanderung, stellenweise wegloses Gelände.
Einkehr: Restaurant am Melchsee.
Variante: Geübte Bergwanderer können vom Tannenrotisand (P.2537) nordostwärts über Wolfsalp und Mettlen direkt ins Melchtal absteigen. Sehr lohnend!

Einer der bekanntesten Skitourengipfel Obwaldens ist der Rotsandnollen, mit 2700 m die höchste Erhebung in der Bergkette zwischen Melchtal und Engelberger Tal. Die wenig steile Südostabdachung sowie das sanft wellige Alpgelände, mit der dieser Berg am östlichen Rand des Melchsee-Gebietes ansteigt, sind nicht nur für Skiläufer ein ideales Terrain. Auch dem Bergwanderer hat der Rotsandnollen einiges zu bieten. Das ist zum einen die große Gipfelhöhe mit der weiten Fernsicht, zum anderen die reizvolle Anmarschroute. Man wandert entweder durch die parkähnliche Alplandschaft längs des Tannensees oder durch das kleine Blumenparadies am Bonistock. Es gibt noch einen weiteren Vorteil am Rotsandnollen, nämlich die relative Abgeschiedenheit vom Ausflugsbetrieb Melchsee-Frutt. Der Berg liegt weit hinten im östlichsten Zipfel des Melchsee-Gebietes und ist von der Seilbahnstation und den Restaurants am See gar nicht zu sehen. So bleibt man auf seinem Gipfel häufig mit sich und der stillen Hochgebirgswelt ringsum allein.

Die erste Etappe zum Bonistock ist von der Station **Melchsee-Frutt** (1902 m) gut ausgeschildert. Eilige Zeitgenossen können übrigens die Seilbahn nehmen. Wer zu Fuß geht, sieht aber entschieden mehr, denn der Weg führt zwischen schroffen Karrenfeldern links und der steilen Abbruchkante rechts streckenweise über einen regelrechten Pflanzenteppich. Oben am **Bonistock** (2168 m, Bergstation) öffnet sich ein schöner Tiefblick auf Melch- und Tannensee. Der weitere Höhenweg verläuft am Grat bis zum Einschnitt der **Chringen** (2150 m). Ein kurzer Abstieg nach links leitet hinab zur Hangterrasse unterhalb der Hohmad-Barglen-Kette. Hierher gelangt man auch auf breitem Alpweg von der Frutt via Distelboden, vorbei an Melch- und Tannensee. Der Alpweg endet später, und über Gras und Schutt (im Frühsommer ausgedehnte Altschneefelder) geht es vor der Kulisse der berühmten Barglenkante nordostwärts zum Sockel des Rotsandnollen. Jetzt muß zunächst ein kurzer, ungefährlicher Steihang links empor zum Sattel **P. 2537** (Tannenrotisand) bewältigt werden, erst dann beginnt der eigentliche Gipfelanstieg über den breitaufgewölbten Südwestrücken. Von fesselnder Eindringlichkeit ist oben der Blick in die wilde Felslandschaft an der Nordseite des Rotsandnollen. Die Urirotstockgruppe überragt das Engelberger Tal, die Firnhaube des Titlis steht direkt vis à vis im Süden, und gegen Westen imponieren die Viertausender der Berner Alpen.

Auf dem Weg zum Rotsandnollen passiert man die berühmte Barglenkante.

31 Titlis, 3239 m

Auf den höchsten Gipfel der Innerschweiz

Trüebsee – Titlis – Trüebsee

Talort: Engelberg, 1000 m, Bahnverbindung von Luzern – Stans.
Ausgangspunkt: Trüebsee, 1766 m, Seilbahn ab Engelberg, Hotel.
Gehzeiten: Trüebsee – Titlis 4 Std., Abstieg 2½ Std.; Gesamtzeit 6 – 7 Std.
Höhenunterschied: Trüebsee – Titlis 1473 m.
Anforderungen: Leichte Gletschertour mit Steigeisen und Pickel; für Ungeübte nur am Seil eines Bergführers!
Variante: Im Abstieg über den leichten Westgrat zum Chli Titlis (3028 m) und mit der Seilbahn zurück nach Engelberg.
Einkehr: Trüebsee (Restaurant, Hotel), eventuell Bergrestaurant am Chli Titlis.

Das alpine Wahrzeichen Engelbergs ist der Titlis, mit 3239 m die höchste Erhebung der gesamten Region zwischen Vierwaldstätter See, Sustenpaß, Reuß und Haslital. Seine charakteristische Eiskappe schimmert an klaren Tagen weit ins Mittelland hinaus, und von seinem Gipfel kann man die halbe Schweiz überblicken: Vom Piz Bernina im Oberengadin bis zum Monte Rosa im Wallis, von den Schwarzwaldhöhen im Norden bis zu den Tessiner Alpen im Süden. Aufgrund seiner alles überragenden Stellung und seines leichten Gletscherzugangs wurde der Titlis schon verhältnismäßig früh erstiegen, nämlich bereits im Jahre 1744, von Klosterleuten aus Engelberg. Ihre Route via Trüebsee, Rotegg und Titlisgletscher entspricht auch heute noch dem Normalanstieg. Als Bergwanderung im Sinne dieses Buches darf man eine

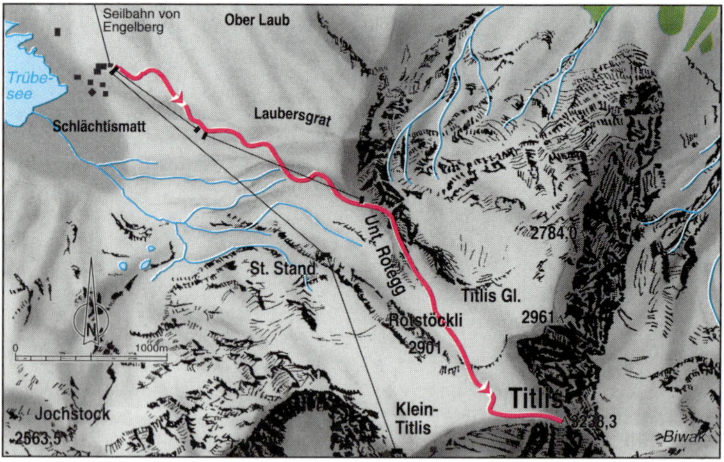

Der letzte Teil des Titlisanstieges führt über den leichten Westgrat.

Titlis-Besteigung freilich nicht auffassen, aber wegen seiner dominierenden Position in der Gipfelwelt rund um den Vierwaldstätter See muß der Titlis hier dennoch Erwähnung finden. Wer Interesse an der Tour hat und über gute Kondition verfügt, sollte sich mit einem erfahrenen Alpinisten zusammentun oder einen Bergführer engagieren. Im letzteren Fall hilft das Bergführerbüro in Engelberg weiter.

Im Hinblick auf die insgesamt 2200 Höhenmeter ab Engelberg ist man gut beraten, noch am Vorabend zum **Trüebsee** (1766 m) anzusteigen oder morgens gleich die erste Bahn zu benutzen. Vom Trüebseehotel führt ein gut ausgebauter Weg südostwärts am breiten Laubersgrat zum Aussichtspunkt »Stand« (2456 m) und steigt weiter über leichte Felsstufen zum **Unter Rotegg** (2752 m) empor. Mit dem letzten Meter taucht im Süden plötzlich die gewaltige Eiskappe des Titlis auf. Überraschend einfach gestaltet sich der kurze Abstieg zum **Galtiberggletscher**. Der Gletscher trägt in der Saison meistens eine solide Spur, wegen der latenten Spaltengefahr sollte man trotzdem nicht aufs Anseilen verzichten. Der Einstieg über die Gletscherzunge ist steil und kann im Spätsommer vereist sein. Bald aber verflacht sich das Gelände, und über den breiten Firnhang geht es links am Felsriff des Ober Rotegg vorbei gegen den Westgrat empor. Dort muß man u.U. einem Bergschrund ausweichen. Der Westgrat selbst führt als breiter Firn- und Schuttrücken dicht über den Kalkabstürzen der Südwand aufregend schön zum **Vorgipfel.** Nach einer harmlosen Schneemulde erreicht man dann das große trigonometrische Signal am höchsten Punkt.

Schwyzer Voralpen

Im Nordosten wird der Vierwaldstätter See von den Schwyzer Voralpen flankiert. Der Vierwaldstätter See ist freilich nicht das einzige Gewässer im Bereich der Schwyzer Voralpen. Der Zuger See erstreckt sich nördlich des Rigi, der kleine Lauerzer See südlich, und zwischen Rossberg und Höhronen liegt wunderschön der Ägerisee eingebettet. Damit nicht genug, bilden im Norden der langgestreckte Zürichsee sowie im Osten der aufgestaute Sihlsee die Umgrenzung der Schwyzer Voralpen. Keine zweite Berglandschaft der Schweiz wird so stark vom Wasser geprägt! Das schafft herrliche Kontraste auf engstem Raum. Alles scheint wie geschaffen zum Wandern, blumenreichen Matten und weich modellierte Kuppen erfreuen das Auge, und über dunklen bewaldeten Kämmen steigen helle Kalkzinnen empor. Die bekannteste Erhebung in den Schwyzer Voralpen ist die halbinselartig in den Vierwaldstätter See vorspringende Rigi, ein Aussichtsberg von Weltruhm, dessen früheste urkundliche Erwähnung auf das Jahr 1353 zurückgeht. Ihr verdankt die Region zum großen Teil den wirtschaftlichen Aufstieg durch den Tourismus. Den ersten Aufschwung brachten die Pilger, die im 17. Jh. nach Rigi-Kaltbad zogen, wo sie sich die Linderung ihrer Leiden erhofften. 1756 entstand eine Bergwirtschaft auf Kaltbad, und 50 Jahre später folgte das Kulmhaus am höchsten Punkt des Bergstocks. Mitte des 18. Jh. zählte man dort bereits 30 000 Gäste pro Jahr, und ein Sonnenaufgang auf der Rigi gehörte damals zum Höhepunkt jeder Schweizreise. Vielen Besuchern war

Typische Seenlandschaft in den Schwyzer Voralpen; hier der Ägerisee.

der Aufstieg zu beschwerlich, sie ließen sich auf Tragsesseln oder zu Pferde zum Gipfel bringen. Das verschaffte den Rigiträgern und Pferdehaltern am Fuß des Berges gute Verdienstmöglichkeiten. Auf Dauer reichten diese Transportmöglichkeiten natürlich nicht aus, und so wurde der damals kühne Plan einer Zahnradbahn von Vitznau zur Rigi geboren. Sie ging 1871 als erste Bergbahn Europas in Betrieb. Heute umspannen die Berg- und Seilbahnen den Rigistock von allen Seiten, aber das hat dem bezaubernden Panorama über die glitzernde Wasserwelt hinweg gegen den gewaltigen Kranz des Hochgebirges keinen Abbruch getan. Zum unverwechselbaren Bild der Schwyzer Voralpen zählen auch die beiden Mythen, zwei sagenumwobene Kalkklippen, die ganz unvermittelt aus grünen Matten emporsteigen. Sie verkörpern weithin sichtbar das Wahrzeichen von Schwyz. Der Große Mythen trägt am Gipfel ein kleines Berggasthaus, das man aber nur zu Fuß erreicht. Ähnlich verhält es sich am Rossberg, einem langgestreckten Bergrücken zwischen Zuger und Lauerzer See. Von diesem Gipfel, genauer von der Westschulter des Gnipen, löste sich 1806 einer der größten Bergstürze der neueren Geschichte, der das Dorf Goldau samt 450 Menschen unter sich begrub. Die Abrißkante ist heute noch gut zu erkennen. Wie der Name andeutet, gehört der größte Teil der Schwyzer Voralpen zum Kanton Schwyz. Die Rigi im Westen markiert die Grenze zu Luzern, über den Rossberg im Norden verläuft die Grenze zum Zugerland, und im Süden zieht das Riemenstaldener Tal die Grenze zum Kanton Uri. Fast alle wichtigen Fremdenverkehrsorte wie Küssnacht, Vitznau, Gersau oder Brunnen liegen zu Füßen der Rigi am Ufer des Vierwaldstätter Sees. Das politische Zentrum der Region ist der Flecken Schwyz (12 000 Einwohner), dessen Geschichte bis auf das Jahr 972 zurückgeht. Nach der Brandkatastrophe 1642 wurde der Kern von Schwyz um die barocke Pfarrkriche herum neu aufgebaut, und der Hauptplatz mit dem Rathaus und den stattlichen Herrenhäusern zählt jetzt zu den schönsten Ortsbildern der Schweiz! Sehenswert sind neben dem Rathaus das Turmmuseum sowie das Bundesarchiv mit der historischen Dokumentensammlung der Schweiz. Die bekannteste Ortschaft im Kanton Schwyz heißt Einsiedeln. Die große Klosteranlage mit der Gnadenkapelle der »Schwarzen Muttergottes« bildet alljährlich das Ziel von Pilgern aus aller Welt. Auch die Wanderer kommen gern hierher, denn Einsiedeln befindet sich inmitten einer ruhigen, sanfthügeligen Landschaft zwischen Sihlsee, Zürichsee und Ägerisee, die von zahlreichen Höhenwegen überspannt wird. Verkehrsmäßig sind die Schwyzer Voralpen gut erschlossen. Die wichtigsten Verbindungen schaffen die Autobahn Zürich – Brunnen, die Bahnlinie zum Gotthard, die Südostbahn über den Sattel sowie die zahlreichen Postautolinien, die in alle Seitentäler hineinführen.

Blick von Seelisberg über den Urner See auf Brunnen, Schwyz und die Mythen.

32 Morgartenberg, 1241 m

Wanderung auf den Spuren einer Schlacht

Sattel – Morgartenberg – Ägerisee – Sattel

Ausgangspunkt: Sattel, 775 m, Dorf an der Straße und Bahnlinie Goldau – Pfäffikon.
Gehzeiten: Sattel – Morgartenberg 1½ Std., Morgartenberg – Ägerisee – Sattel 2½ Std.; Gesamtzeit 4 Std.
Höhenunterschied: Sattel – Morgartenberg 460 m.
Anforderungen: Unbeschwerte Wanderung im Alpgelände, teilweise auf Asphaltsträßchen.
Einkehrmöglichkeit: Keine.

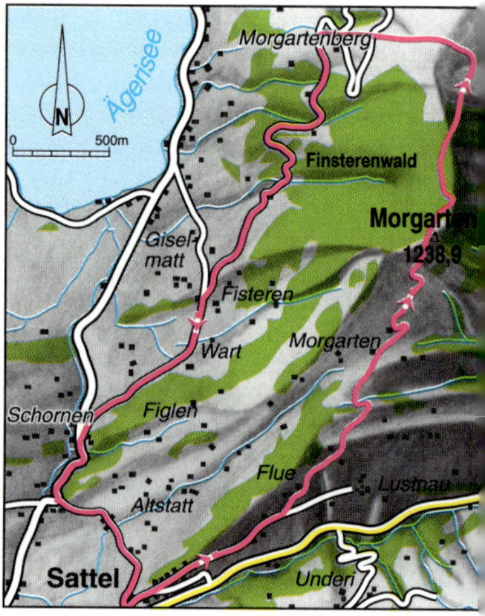

Der Morgartenberg zwischen dem Ägerisee und der Hochebene von Rothenthurm zählt zu den eher unscheinbaren Erhebungen in den Schwyzer Voralpen. Andererseits befindet man sich hier auf geschichtsträchtigem Boden. Am Fuße des Berges fand nämlich im November 1315 die berühmte Schlacht am Morgarten statt, mit dem ersten Sieg der noch jungen Eidgenossenschaft über die Habsburger unter Herzog Leopold von Österreich. Die Schlüsselstelle der Schlacht war der enge Sattel zwischen dem Morgartenberg und den Rossberg-Ausläufern, dort kam den zahlenmäßig unterlegenen Verteidigern das unübersichtliche Gelände zugute. Laut Überlieferung ließen sie von den Hängen links und rechts Felsbrocken und Baumstämme auf die Angreifer herabstürzen. Die Schlachtkapelle auf der Paßhöhe sowie das Morgartendenkmal am Ufer des nahen Ägerisees erinnern noch heute an dieses historisch bedeutsame Ereignis. Auch ohne das Interesse an dem geschichtlichen Hintergrund ist die Wanderung über den Morgartenberg jedermann zu empfehlen. Man bewegt sich in reizvollem Alp- und Wiesengelände und ist umgeben von einer Voralpenlandschaft wie aus dem Bilderbuch, mit weich geformten Höhenzügen und weiten Talmulden, mit spitzen Kalkzinnen und blauen Seespiegeln.

Vom Ausgangspunkt **Sattel** (775 m) geht es den gelben Markierungen folgend an der barocken Pfarrkirche vorbei und auf dem ehemaligen Verbindungssträßchen Richtung Rothenthurm zum Dorf hinaus. Bald zeigt der Wegweiser nach links. Ein steiler Wiesenpfad leitet zu den höher gelegenen

Der Anstieg von Sattel zum Morgartenberg verläuft auf bequemen Wegen.

Bauernhöfen, und über Weidezäune und Grünland gelangt man linkshaltend in den kleinen Einschnitt vor dem eigentlichen Aufschwung des Morgartenberges. Man passiert die Höfe Unter und **Ober Morgarten**, um hinter der obersten Scheune über ausgedehnte Alphänge geradewegs gegen die Kammhöhe emporzusteigen. Mit jedem Meter weitet sich der Rückblick, und oben am **Gipfel** liegt dem Betrachter der ganze Talkessel des Lauerzer Sees zu Füßen, überragt vom gewaltigen Bergkranz der Urner Alpen. In der anderen Richtung schimmert tief unten der blaue Ägerisee, das nächste Etappenziel der Wanderung. An der Nordseite des Morgartenberges verschwindet der Pfad im Wald und führt hinab nach **Chli Morgarten** (1072 m). Nach Regenfällen kann dieses Wegstück unangenehm rutschig sein. Ab Chli Morgarten hält man sich links und wählt an der Wegverzweigung die Route Richtung Morgartenkapelle. Der Ägerisee rückt immer besser ins Blickfeld, während fern im Westen zwischen Rossberg und Rigi die Viertausender der Berner Alpen auftauchen. Wer sich fürs Morgartendenkmal interessiert, muß einen kleinen Umweg zum Seeufer in Kauf nehmen. Die eigentliche Wanderung verläuft etwas oberhalb des Sees den Hang entlang bis in den vorerwähnten Satteleinschnitt mit dem Letziturm sowie der kleinen **Schlachtkapelle** aus dem Jahr 1603. Hinter dem Paß weitet sich das Gelände wieder, und wenig später erreicht man das Dorf Sattel.

33 Chaiserstock, 2515 m

Zum höchsten Punkt der Chaiserstock-Kette

Chäppeliberg – Lidernenhütte – Chaisertor – Chaiserstock

Talort: Sisikon, 446 m, SBB-Station, im Sommer Schiffsverkehr.
Ausgangspunkt: Riemenstalden Dorf (1030 m) bzw. Chäppeliberg (1180 m), Straße von Sisikon, zweimal täglich Postkurs ab Siskon.
Höhenunterschied: Chäppeliberg – Lidernenhütte 550 m, Lidernenhütte – Chaiserstock 800 m.
Gehzeiten: Chäppeliberg – Lidernenhütte 1½ Std. (bei Seilbahnbenutzung 10 Min.); Lidernenhütte – Chaiserstock 3 Std., Abstieg 2 Std.; Lidernenhütte – Chäppeliberg 1 Std.; Gesamtzeit 6 – 7 Std., bei Seilbahnbenützung 2½ Std. weniger.
Charakter: Anspruchsvolle Bergwanderung mit kurzen Passagen leichter Kletterei (Drahtseile), Trittsicherheit und Schwindelfreitheit ratsam.
Variante: Rossstock über den unschwierigen, breiten Nordwestrücken, 2 Std. ab Lidernenhütte.
Einkehr und Unterkunft: Restaurant Chaiserstock in Riemenstalden (Zimmer und Massenlager), Lidernenhütte SAC (ganzj. offen, im Sommer meist bew.).

Von vielen Stellen längs des Vierwaldstätter Sees sieht man am südwestlichen Horizont die feingeschwungene Pyramide des Chaiserstocks weit über ihre Trabanten emporragen. An klaren Tagen läßt sich das sogar vom Luzerner Seeufer aus mit bloßem Auge erkennen. Dieser so markant ausschauende Berg bildet die höchste und formschönste Erhebung der Chaiserstock-Kette zwischen Riemenstaldener Tal und Schächental. Alle Gipfel zeigen hier den typischen Pultaufbau, nämlich mehr oder weniger sanft abstreichende Gratrücken gegen NW und steile Felswände im SW, ähnlich den berühmten Churfirsten am Walensee. Von NW her sind die Berge der Chaiserstock-Kette also relativ einfach zu ersteigen. Nur der

Die Lidernenhütte ist ein wichtiger Stützpunkt in der Chaiserstock-Kette.

Chaiserstock selbst gibt sich alpiner und verlangt am stellenweise gesicherten NW-Grat leichte Kletterei. Wer nicht schwindelfrei ist, sollte mit dem benachbarten Rossstock (2461 m) vorlieb nehmen. Aussichtsmäßig steht der Rossstock dem Chaiserstock kaum nach, in beiden Fällen ist der Blick auf die eisbedeckte Nordfront der Glarner Alpen schlicht überwältigend. Als Stützpunkt empfiehlt sich die Liderenenhütte, hübsch gelegen und aus dem Riemenstaldener Tal schnell erreichbar.
Die Tour beginnt in **Chäppeliberg** (1181 m, großer Parkplatz), 1,5 km hinter dem Dorf Riemenstalden. Da der Fußweg zur Hütte (1½ Std.) nicht im besten Zustand ist, benutzen viele ab Chäppeliberg die kleine Luftseilbahn zum Gitschen, was den Hüttenzugang auf zehn Minuten verkürzt. Der Gipfelanstieg ist ab **Lidernenhütte** (1727 m) gut markiert. Man passiert die Südwände des obeliskartigen Schmalstöckli und durchquert südwärts die seltsam bucklige Welt der **Lidernenalp** mit ihren Kuppen, Höckern und Hügeln. In der großen Mulde unter dem Chaiserstock-Nordwestgrat biegt der Pfad scharf nach links und führt über Schutthänge in die charakteristische Einkerbung des **Chaisertors** (2360 m) hinein. Jetzt hat man den Chaiserstock im Schmalprofil seiner Steilwände unmittelbar vor sich, ein aufregend schönes Bild! Der weitere Routenverlauf über den Nordwestgrat bis zum Gipfeldach ist genau einzusehen. Das erste Hindernis wird links umgangen, dann leiten die Drahtseile direkt über die Gratschmiede empor. Bei Nässe ist wegen des glattgetrettenes Kalkgesteins besondere Vorsicht geboten. Der letzte Aufschwung zum Gipfeldach wird mit Hilfe einer soliden Eisenkette bezwungen. Zum Schluß folgen noch ein paar Geröllkehren bis zum **Gipfelkreuz**.

34 Gr. Mythen, 1899 m

Auf dem Felsenweg zum »Innerschweizer Matterhorn«

Schwyz – Holzegg – Gr. Mythen – Holzegg – Zwüschet Mythen – Schwyz

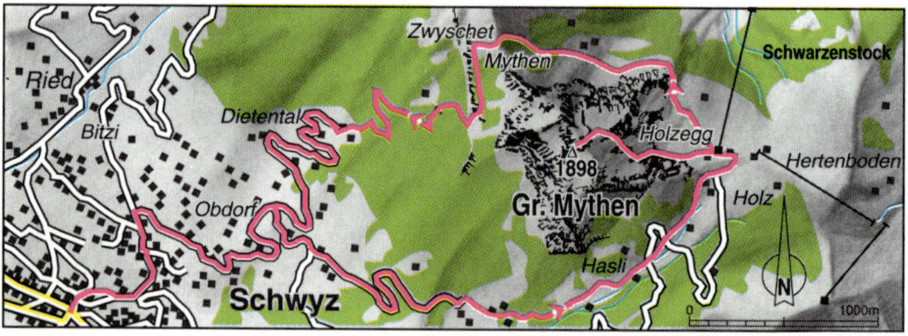

Talort: Schwyz, 516 m, Busverbindung von der SBB-Station Seewen.
Gehzeiten: Schwyz – Holzegg 2½ Std., Holzegg – Gr. Mythen 1 Std., Rückweg Holzegg – Zwüschet Mythen – Schwyz 2 Std.; Gesamtzeit 5 – 6 Std.
Höhenunterschied: Schwyz – Gr. Mythen 1380 m.

Anforderungen: bis Holzegg einfache Bergwanderung, für den Gipfelanstieg über den drahtseilgesicherten Felsweg sind Trittsicherheit sowie Schwindelfreiheit ratsam.
Einkehr: Gasthaus Holzegg (1405 m), Gipfelgasthaus auf dem Gr. Mythen (1899 m).

Die sagenumwobenen Kalkobelisken der beiden Mythen verkörpern das Wahrzeichen von Schwyz. Ganz unvermittelt steigen diese bizarren Felsgebilde aus einer sanften Grünlandschaft empor und überragen kulissenartig den Talkessel der Muota. Besonders der Große Mythen mit seinem pyramidenförmige Aufbau und seiner rötlichen Farbtönung zählt zu den einprägsamsten Gipfelgestalten am Vierwaldstätter See. Bereits 1864 wurde dieser Berg mittels einer teilweise in den Fels gehauenen Weganlage durch die Südostflanke für den Wanderer zugänglich gemacht. Allerdings blieb lange Zeit die oberste Passage durch die sogenannte Totenplangg gefürchtet. 1982 konnte der Weg dann entschärft und die Route über den Nordostgrat verlegt werden. Berühmt ist die Rundsicht vom Großen Mythen. Man überblickt die gesamte Zentralschweiz bis hin zu den Berner Alpen einschließlich einem Dutzend kleiner und großer Seen. Auf dem Gipfel befindet sich ein kleines, von Mai bis Ende Oktober geöfnetes Berggasthaus, das unlängst erneuert worden ist.

Die Drehscheibe aller Mythenbesteigungen heißt **Holzegg** (1405 m, Gasthaus) am Ostfuß des Berges, dort laufen die verschiedenen Wanderrouten zusammen. Neben dem Gr. Mythen lockt von der Holzegg aus auch der Mythen-Rundweg, der in halber Höhe in drei- bis vierstündiger Wanderung

Die Südostseite des Großen Mythen.

das Gipfelpaar einmal umrundet. Die Holzegg erreicht man auf verschiedene Weise, entweder mit der Seilbahn aus dem Alptal, oder im halbstündigen Bummel von der Seilbahnstation Rotenflue (1560 m) und natürlich zu Fuß vom Kantonshauptflecken Schwyz. Letzteres ist besonders zu empfehlen, schon wegen des historischen Schwyzer Dorfkerns mit seiner barocken Pfarrkirche und den schön darum herumgruppierten alten Herrenhäusern. Wegtafeln leiten nordöstlich zum Dorf hinaus, man gelangt am Chlösterli vorbei zum Tschütiwald, erreicht im schattigen Mischwald **Mythenbad** (900 m) und kommt wenig später wieder in freies Alpgelände. Der Weg unter dem Sockel des Gr. Mythen wird bald steiler und besteht im letzten Stück aus zahlreichen holzgefaßten Tritten. Hinter der Holzegg mahnt ein Hinweisschild den Gebrauch solider Bergschuhe an, dann beginnt der eigentliche **Gipfel**anstieg. Der ist nicht zu verfehlen. Insgesamt 47 teils in den Fels geschlagene Spitzkehren führen durch die Schrofen der Südostflanke bzw. über den obersten Nordostgrat – alle heiklen Stellen sind mit Drahtseilen abgesichert. Der **Abstieg** erfolgt auf gleicher Route. Für die Rückkehr nach Schwyz bietet sich jetzt der wildromatische Übergang über die **Zwüschet Mythen-Einsattelung** an (1448 m). Dazu folgt man dem Mythenrundweg nordseitig bis kurz vor die Alp Zwüschet Mythen und biegt links in den tiefen Einschnitt zwischen Gr. und Kl. Mythen ein. Eine weitausholende Kehre und eine Geröllhalde leiten anschließend hinab zur Lichtung **Günterigs** (1124 m), wo der bequeme Waldweg durch den Mythenbann zurück nach Chlösterli und Schwyz beginnt.

35 Rigi-Kulm, 1797 m

Aussichtsgipfel par excellence

Goldau / Küssnacht – Rigi-Kulm – und zurück

Talort: Goldau, 510 m, SBB-Sation; Küssnacht, 440 m, SBB-Sation.
Gehzeiten: Goldau – Rigi-Kulm 4 Std.; Abstieg 3 Std.; Gesamtzeit 7 Std. Küssnacht – Rigi-Kulm 4½ Std. (bei Benutzung der Luftseilbahn zur Seebodenalp nur 2 Std.), Abstieg 3 Std., Gesamtzeit 7 – 8 Std.
Höhenunterschied: Von Goldau 1280 m; von Küssnacht 1350 m.
Anforderungen: Einfache Bergwanderung auf teilweise asphaltierten Wegen.
Einkehrmöglichkeit: Rigi-Stafel, Kulmhotel, auf Goldau-Route außerdem Klösterli, auf Küssnacht-Route zusätzlich Seebodenalp.

Zu den bekanntesten Erhebungen der Schweiz zählt die halbinselartig in den Vierwaldstätter See vorspringende, zu zwei Drittel von Wasser umgebene Rigi. Ihr Gipfelpanorama besitzt Weltruhm, und der Name »Rigi« ist zum Synonym für fesselnde Aussicht geworden. Es gibt im Alpenraum viele »Rigis«, aber nur das Orginal zeigt diesen frappierenden Gegensatz zwischen einer glitzernden Wasserwelt tief unten und einem gewaltigen, eisbedeckten Alpenkranz ringsum. Als Säule des Innerschweizer Fremdenverkehrs trägt die Rigi heute gut ein Dutzend Bergbahnen, von denen zwei den höchsten Punkt, den Rigi-Kulm, zum Ziel haben. Das hat die Wandermöglichkeiten im Rigi-Massiv aber nicht eingeschränkt. Weil sich das Gros der Touristen meist in der Nähe der Bergstationen aufhält, findet man abseits überall ruhige Wege. Leider bestehen viele Wegstrecken aus Hartbelag bzw. Asphalt. Alle Wanderrouten an der Rigi aufzuzählen würde allein einen Wanderführer füllen. Den Superlativ

Das Rigi-Massiv mit Hochflue (links), Scheidegg (Mitte) und Kulm (rechts).

stellt die große Rigi-Traverse dar, von Küssnacht via Rigi-Stafel (und Rigi-Kulm) über den Verbindungskamm zur Rigi-Scheidegg mit Abstieg durchs Gätterli nach Brunnen. Diese »Rigi-Haute-Route« erfordert ohne Bergbahnbenutzung 8–9 Std. Marschzeit. Bei Übernachtung in einem der Rigi-Hotels läßt sich die großartigeTour aber gut auf zwei Tage verteilen.

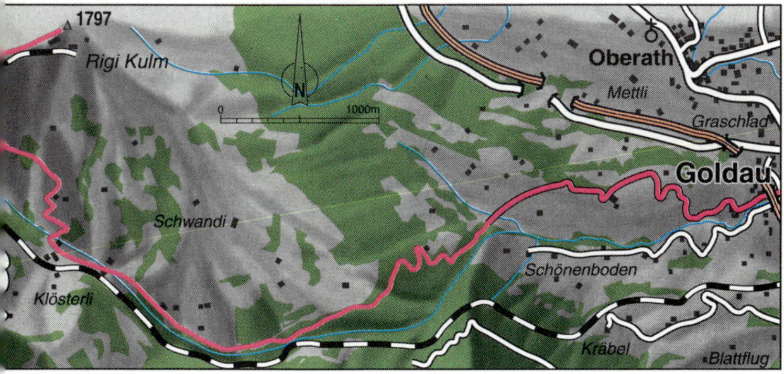

Der bekannteste Weg zum Rigi-Kulm verläuft von **Goldau** durch den Einschnitt der Rigiaa. Dieser Aufstieg – großenteils asphaltiert – ist jedermann zumutbar und kann bei Benutzung der Arth-Rigi-Bahn abgekürzt werden. Die gelben Wegzeichen leiten von der SBB-Station südwärts durchs Dorf, unterqueren die Autobahn und führen am Ufer der Rigiaa bis Blätzen (773 m). Dort beginnt der steile, aber gut angelegte Aufstieg zum **Dächli** (947 m). Das einstige Berggasthaus fiel 1987 einer Unwetterkatastrophe zum Opfer (Wiederauf fraglich). In Kehren geht es weiter zur Alp Resti (1208 m), wo man die Waldgrenze endgültig unter sich gelassen hat. An der Malchuskapelle vorbei erreicht man bald die kleine, berühmte Wallfahrtskirche bei **Klösterli** (1302 m), heute ein Knotenpunkt zahlreicher Wanderwege. Von dort ziehen weitausholende Serpentinen nordwärts hinauf zur **Rigi-Stafel** (1603 m), Kreuzungspunkt der Arth-Rigi und der Vitznau-Rigi-Bahn. Mit jedem Höhenmeter weitet sich der Horizont. Links oberhalb der Bahngleise gelangt man zu einem kurzen Felstunnel, passiert wenig später das große Kulmhotel und steht kurz darauf vor den Panoramatafeln auf dem **Rigi-Kulm** (1799 m).

Die letzten Meter zum Rigi-Kulm verlaufen neben der Bahnlinie.

Rigi-Kulm, im Hintergrund die Silhouette des Pilatus.

Eine etwas steilere, aber dafür abwechslungreiche Route führt von Küssnacht über die Seebodenalp zum Rigi-Kulm. Sie quert im oberen Teil in der Flue die Bänder an der Nordseite der Rigi, die dem gesamten Bergstock sein charakteristisches Aussehen verleihen. Vom Bahnhof Küssnacht benutzt man die Seeuferpromenade zur Dorfmitte und orientiert sich hinter dem Dorfplatz am Weg zum **Alpenhof** (557 m). Dort gewinnt man über Wiesengelände rasch an Höhe, überschreitet den Dorfbach und trifft auf die Seebodenstraße, die später im Wald noch weitere drei Mal gequert werden muß. Weit dehnt sich die grüne Hochebene der **Seebodenalp** (1030 m) am Nordfuß der Rigi. Vorbei an der Bergstation der Luftseilbahn sowie den Alpen Grodstafel und Holderen geht es zur Rütlersplanng (1192 m). Hier beginnt der steile Anstieg durch die dicht bewaldete Nordflanke. Weiter oben, kurz unterhalb der Bergkante, passiert man auf prächtig angelegtem Pfad die »Bänder« und trifft bei **Rigi-Stafel** (1603 m) auf die von Goldau heraufführende Route.

36 Rigi-Hochflue, 1699 m

Rigigipfel für Schwindelfreie

Gersau – Rigi-Hochflue – Lauerz

Ausgangspunkt: Gersau, 435 m, Busverbindung von Brunnen und Küssnacht, Schiffsstation.
Endpunkt: Lauerz, 457 m, am gleichnamigen See, Busverbindung zur SBB-Station Seewen.
Gehzeiten: Gersau – Hochflue 3½ Std., Abstieg nach Lauerz 2 Std.; Gesamtzeit 5½ Std.
Höhenunterschied: 1250 m.
Anforderungen: Im Gipfelbereich steile, teils ausgesetzte Bergwege, nur für trittsichere und schwindelfreie Wanderer.
Einkehr und Unterkunft: Restaurant Gätterlipaß, 1190 m, im Sommer geöffnet, Massenlager.
Variante: Mit dem Auto zum Gätterlipaß und über den Nordwestsockel und den Kamin (Leiter) in 1½ Std. auf die Hochflue (schnellster Gipfelanstieg).

Die spitze Hochflue ist der alpinste der drei Rigi-Gipfel, und der einzige, auf den keine Seilbahn führt. Die formschöne Pyramide wird durch den Einschnitt des Gätterli deutlich von der übrigen Rigimasse abgetrennt. Aufgrund ihrer exponierten Gipfellage überrascht die Hochflue mit zauberhaften Tiefblicken und einer geradezu frappierenden Übersicht über fast den gesamten Vierwaldstätter See. Im Gegensatz zum Kulm sind an der Hochflue alle Anstiege steil und im Gipfelbereich ausgesetzt. Es gibt zwar an den Felspartien gute, solide Sicherungen, aber wegen des glattgetretenen Kalkgesteins sollte man vor allem bei Nässe Vorsicht walten lassen. Wiederholte Unfälle an der Hochflue haben zu Beginn der achtziger Jahren sogar einmal die Staatsanwaltschaft in Brunnen auf den Plan gerufen. Dem trittsicheren Bergwanderer bieten die Normalrouten vom Gätterli oder von der Alp Zilistock indes keine Schwierigkeiten. Beide Routen vermitteln landschaftlich fesselnde Eindrücke und lassen sich zu einer reizvollen Überschreitung kombinieren, z.B. von Gersau am Vierwaldstätter zum Lauerzer See.
Gersau erreicht man neben Auto und Bus auch mit dem Schiff. Wegweiser leiten von der Schiffsstation (435 m) durchs Oberdorf nach Mettlen und weiter auf einem Teersträßchen zum Cholerboden (751 m). Jetzt wird das Gelände allmählich steiler. Ein Waldweg windet sich empor zur **Ochsenalp** (1053 m), einer großen freien Hangschulter mit herrlichem Rückblick hinab auf den Vierwaldstätter See. Später verschwindet der Pfad erneut im Wald, erst an der Alp **Zilistock** tritt man wieder ins Freie. Hier beginnt der eigentliche Gipfelanstieg. Durch schütteren Wald geht es zu den Felsen der westlichen Südwand, die mit Hilfe zahlreicher Eisenstifte, Tritte und Drahtseile in knapp 15 Minuten zum **Gipfelkreuz** erklommen werden.
Neben der Südwestwandroute empfiehlt sich für den Rückweg besonders der Abstieg zum Gätterli. Der beginnt gleich mit einem Knalleffekt, einer langen Eisenleiter, die in einem Felskamin zum grünen Sockel am Fuß des

Gipfelaufbaus hinabführt. Den Pfadspuren folgend gelangt man bald zum Gasthaus im **Gätterli** (1190 m), dem tiefsten Einschnitt zwischen Hochflue und Rigi-Scheidegg. Zahlreiche Wanderwege laufen in diesem Paßübergang zusammen. Man könnte via Scharteggli und Chälen zur Zilistockalp zurückkehren oder das Sträßchen hinunter nach Gersau nehmen. Schöner ist freilich der Abstieg nordostwärts zum **Lauerzer See**, möglichst auf der direkten Route über Alp Twäriberg, Hübschenblätz und Ober Rüti. Ab Lauerz kehrt man dann mit Bus, Bahn und Schiff wieder zum Ausgangspunkt zurück.

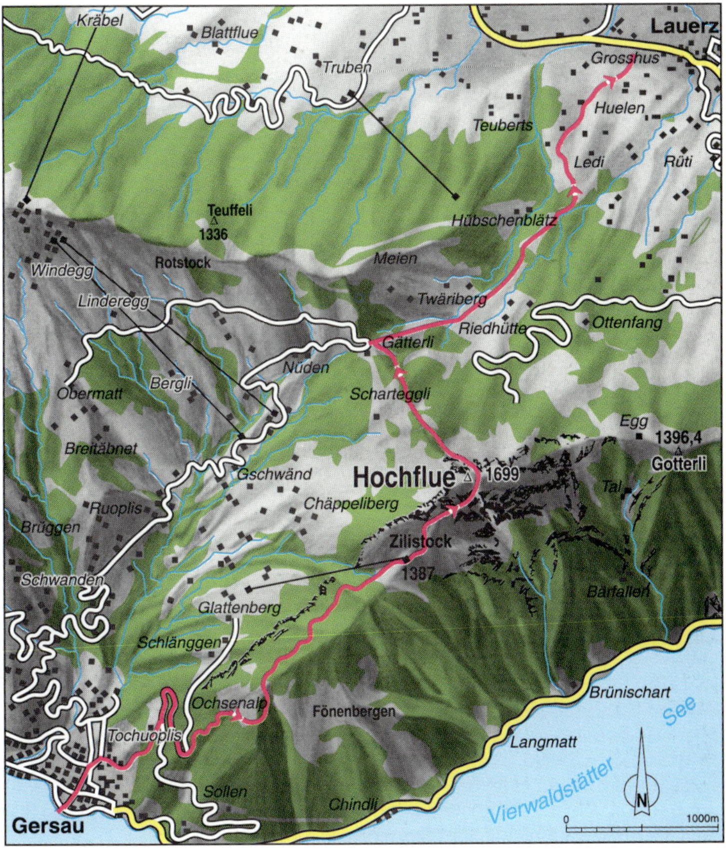

37 Rossberg, 1580 m

Wildspitz-Panorama und Goldauer Bergsturz

Sattel – Wildspitz – Gnipen – Goldau

Ausgangspunkt: Sattel, 775 m, Straße und Bahnlinie Goldau – Pfäffikon.
Zielort: Goldau, 510 m, zentrale Bahnstation, Autobahnausfahrt.
Gehzeiten: Sattel – Wildspitz 2½ Std., Wildspitz – Gnipen – Goldau 2½ Std.; Gesamtzeit 5 Std.
Höhenunterschied: Zum Wildspitz 800 m.

Anforderungen: Wenig beschwerliche Bergwanderung auf gut markierten Wegen, nur der Abstieg durch das Bergsturzgebiet verlangt bei Nässe Trittsicherheit.
Einkehrmöglichkeit: Berggasthaus Halsegg 1320 m, Bergasthaus Wildspitz (1580 m, auch im Winter geöffnet).

Der breitausladende Rossberg bildet die Grenze zwischen dem hügeligen Mittelland im Norden und der typischen Voralpenlandschaft der Innerschweiz im Süden. Die Gipfelhöhe von 1580 m ist zwar bescheiden, dafür nimmt sich seine geographischen Lage genau im Dreieck von Lauerzer-, Zuger- und Ägerisee einzigartig aus. Der völlig isoliert aufragende Bergstock trägt in seiner sanftgeschwungenen Kammlinie drei Gipfelpunkte, den Chaiserstock im Osten, den aussichtsreichen Wildspitz in der Mitte und den Gnipen im Westen. Aus der Nagelfluhschulter des Gnipen löste sich vor 200 Jahren der sog. »Goldauer Bergsturz«, der mit seinen 3 Millionen Kubikmetern Felsmasse das gleichnamige Dorf zu Füßen des Rossberges samt 457 Einwohnern verschüttete. Heute bilden die Abrißkante sowie die zahlreichen Felstrümmer auf der Spur dieses Bergsturzes den geologisch wie botanisch interessantesten Teil am Rossberg. Viele Wanderwege führen zum Rossberg hinauf. Wer

Vom Gipfelgasthaus auf dem Wildspitz reicht der Blick bis in die Berner Alpen.

es schattig mag, wählt den Aufstieg von der Zuger Seite her durch die dicht bewaldete Nordflanke. Die Südseite zeigt sich dagegen aufgelockerter, wird wegen der vielen Anwesen aber von mehreren Asphaltstraßen durchzogen. Am besten ist deshalb die Längsüberschreitung des Berges, von Sattel nach Goldau, mit anschließendem Besuch im Goldauer Tierpark und Bergsturzmuseum.
Von der Bahnstation **Sattel** geht es zunächst auf geteerten Sträßchen (mit Abkürzungen) durch den Sunnenberg hinauf. Kurz vor Peterschwändi steigt der gut markierte Weg parallel zu einem tief eingefressenen Bachbett empor und erreicht später über offene Weidehänge die Kammhöhe beim Berggasthaus **Halsegg** (1320 m). Es folgt eine herrliche Kammwanderung via Hinter Gwandelen und Langmatt hinüber zum kahlen **Wildspitz**, der als hübsch geformter Kegel hoch aus dem dunklen Waldsaum herausragt. Ein traumhaft schönes Panorama entrollt sich hier. Die Ausblicke sind nicht weit, aber voller Gegensätze! Man steht hoch über dem Lauerzer See wie auf einer Loge vor der Gipfelwoge der Innerschweizer Bergwelt, und zur anderen Seite schweift der Blick ungehindert über die Höhenzüge, Wälder und Dörfer des Mittellandes. Der weitere Weg verläuft auf dem bewaldetem Rücken fast eben zum **Gnipen**. Direkt neben dem großen Gipfelkreuz beginnt der Abstieg durch das Trümmergewirr des Bergsturzes. Wegen seiner besonderen Vegetation steht dieses Gebiet unter strengem Pflanzenschutz. Nebel macht aus diesem Trümmermeer schnell einen Irrgarten, man benutzt dann besser den Weg über die Schulter P.1383 und die Hänge der Spitzibüelalp. Bei **Oberspitzibüel** (950 m) treffen beide Routen wieder zusammen und führen später durch den angenehm schattigen Härzigwald hinab nach Goldau.

38 Hochstuckli, 1566 m

Stille Kammwanderung zwischen Alptal und Biber

Sattel – Hochstuckli – Rothenthurm

Ausgangspunkt: Sattel, 775 m, Bahnstation, Straßenverbindung von Goldau, Schwyz oder Pfäffikon.
Zielpunkt: Rothenthurm, 923 m, Bahnverbindung zurück zur Station Sattel.
Gehzeiten: Sattel – Hochstuckli 2½ Std. (bei Benutzung der Sessellifte 10 Min.); Hochstuckli – Rothenthurm 2½ – 3 Std.; Gesamtzeit 5 Std.
Höhenunterschied: Sattel – Hochstuckli 790 m.
Anforderungen: Bequeme Alpwanderung, vorwiegend im Wald und auf Weidegelände.
Einkehrmöglichkeit: Mostelberg, 1190 m.
Variante: Wer nicht bis zum Nüsselstock wandern möchte, kann schon vor dem Höch Tändli links zur Alp Nüssel abzweigen.

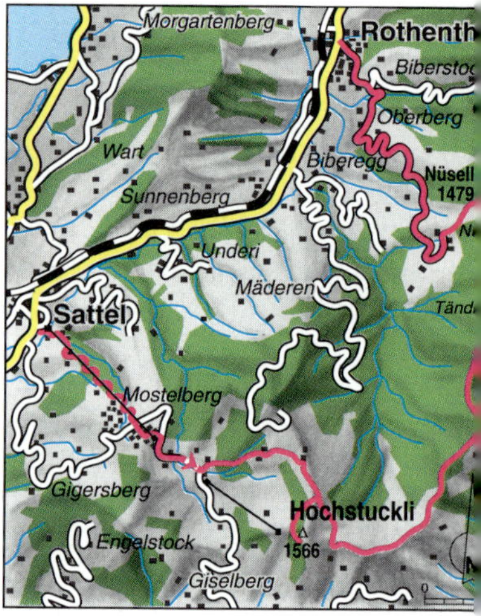

Das bekannte Skigebiet Mostelberg-Hochstuckli über dem Hochtal von Sattel wird auch im Sommer häufig besucht. Dafür gibt es mehrere gute Gründe: Der Hochstuckli liegt an zentraler Stelle in den Schwyzer Voralpen, genau im Dreieck von Rigi, Rossberg und Mythen. Seine hübsch aufgewölbte Gipfelkappe ist für jedermann zugänglich; Sessellifte erleichtern den Aufstieg, lassen aber die Gipfelregion selbst unberührt. Ein vielfach gewellter Höhenzug verbindet den Hochstuckli nach Norden mit der Berglandschaft des Alptals bzw. der Hochfläche von Rothenthurm. Über diesen bewaldeten Rücken mit seinen zahlreichen freien Weidekuppen verläuft ein selten schöner Kammweg, für den man vom Ausgangspunkt Sattel (775 m) via Hochstucki bis zum Zielpunkt Rothenthurm etwa 5 – 6 Stunden benötigt. Die sanfte Geländeform des Flysch und der weiche Waldboden machen das Wandern ausgesprochen angenehm.
In zwei Sektionen führen die Sesselifte zum Hochstuckli, die erste von Sattel zur Siedlung Mostelberg (1191 m), die zweite ab Mostelberg-Herrenboden zur Schulter P.1486 zehn Minuten unterhalb des Gipfels. Zu Fuß benötigt man via **Mostelberg** und **Bärenfang** 2 – 3 Stunden für diesen Anstieg. Unter dem schlichten **Holzkreuz** lädt eine Bank zur Rast ein, mit einem Dutzend reizvoller Ausblicke rings herum. Die Felszacken der Mythen stehen zum

Greifen nahe gegenüber, unter dem Rigimassiv breitet sich der Lauerzer See aus, und ein Zipfel vom Ägerisee schaut hinter dem Roßsberg hervor. Am schönsten zeigt sich jedoch der verschlungene Vierwaldstätter See im Westen, ein verwirrendes Bild von Wasserarmen, Landzungen und Bergrücken, dem der leuchtende Firn des Urirotstock einen Hauch von Unwirklichkeit verleiht. Absteigend geht es zunächst ein Stück zurück Richtung Bannegg und dann rechts weiter zum Nätschboden. Ab Nätschboden bleibt man stets auf der Scheitellinie des Kammes. Wald und Weiden wechseln einander ab, und immer wieder öffnet sich ein neues Aussichtsfenster. Vom kreuzgeschmückten Höch Tändli (1523 m) senkt sich der Weg in den Einschnitt des Teuffeli (1431 m, Wegweiser). Sportlich Veranlagte können hier noch den nahen **Nüsselstock** (1478 m) mitnehmen. Ab Teuffeli leitet ein schlecht auffindbarer Pfad über Wiesenhänge abwärts zur Alp Nüssel (1317 m). Dort beginnt ein kurvenreiches Alpsträßchen, das bis nach Rothenthurm hineinführt.

Unter dem Hochstuckli laufen zahlreiche Wanderwege zusammen.

39 Einsiedeln – Furggelenstock, 1605 m – Ibergeregg – Schwyz

Vom Kloster Einsiedeln zum Flecken Schwyz

Einsiedeln – Friherenberg – Chälen – Amselspitz – Furggelenstock – Ibergeregg – Hand – Schwyz

Ausgangspunkt: Einsiedeln, 882 m, Endstation der Einsiedelnbahn.
Endpunkt: Schwyz, 520 m, Busverbindung zur SBB-Station Seewen. Rückkehr nach Einsiedeln per Bahn ab Seewen via Goldau und Biberbrugg.
Gehzeiten: Einsiedeln – Furggelen – Ibergeregg – Schwyz ca. 7 – 8 Std.
Höhenunterschied: Insgesamt ca. 1300 m.
Anforderung: Einfache Wanderung auf gut markierten Wegen, vorwiegend im Wald- und Wiesengelände, Ausdauer erforderlich.
Variante: Ab Brünnelistock übers Müsliegg zur Bergstation Rotenfluh (1585 m) und mit der Seilbahn nach Rickenbach bei Schwyz.
Einkehrmöglichkeit: Hotel Ibergeregg (1402 m), Restaurant Hand (1065 m).

Als Superlativ einer Kammwanderung gilt in den Schwyzer Voralpen die Überquerung des Höhenzuges Gschwändstock – Furggelenstock, vom Klosterort Einsiedeln zum 25 km entfernten Kantonshauptflecken Schwyz. Dieser weich geformte, bewaldete Gebirgsrücken östlich des Alptals mit seinen zahlreichen baumlosen Kuppen, seinen Einsenkungen und Alphütten eignet sich in Teiletappen sehr schön für Wanderungen mit Kindern. Für die gesamte, etwa 7 – 8 stündige Überschreitung ist indes eine solide Kondition erforderlich, summieren sich doch die einzelnen Zwischenanstiege auf alles in allem gut 1300 Höhenmeter. Besonders im zweiten Teil steht diese Wanderung ganz im Banne der beiden Mythen.
Die Tour beginnt direkt am Bahnhof in **Einsiedeln**, wo ein wahrer Schilderwald über die zahllosen Wandermöglichkeiten orientiert. Zuerst geht es zum Klosterplatz in der Ortsmitte. Dort sollte man unbedingt die barocke Klosterkirche mit ihren einzigartigen Deckengemälden besichtigen, ehe man hinter den Außenmauern der Anlage mit dem Anstieg zum **Friherrenberg** (1071 m) beginnt. Oben auf der Höhe wartet ein großer Rastplatz mit weiter Aussicht über den Sihlsee hinweg bis in die Glarner Alpen. Der eigentliche Höhenweg verläuft rechts über den Friherrenberg bis zum Einschnitt des **Chälen** (1022 m, Straße), steigt dort im Wald und auf Alpsträßchen steil hinauf nach »Ufem Tritt« (1310 m) und erreicht kurz darauf die aussichtsreiche Wiesenkuppe der Chli Amsel (1399 m).
Der herrliche Blick durchs Alptal zu den beiden Mythen rechtfertigt hier eine längere Pause. Das Gelände buckelt sich anschließend noch einmal kräftig auf bis zum **Amselspitz** (1491 m), danach beginnt zur Erholung ein längeres horizontales Kammstück. Erst beim Wegweiser am Fuße der Butziflue wird es wieder steiler, doch der Serpentinenpfad ist gut angelegt und mit festen

Tritten neu ausgebaut worden. Gleiches gilt für den kurzen Abstieg dicht an den Felsen der Flue, ein solider Zaun bannt dort alle Schwindelgefühle. Über den weichen Boden eines ehemaligen Hochmoores geht es fast ebenen Weges weiter zur Furggelenalp (1526 m), bei der ein klarer Brunnen angenehme Erfrischung bringt. Der jetzt folgende Aufschwung zum kreuzgeschmückten **Furggelenstock** (1656 m), dem höchsten Punkt der Tour, kann rechts unterlaufen werden, allerdings auf Kosten des reizvollen Gipfelpanoramas.

Auch die nächste Kuppe, der 1594 m hohe, durch drei Skilifte verunzierte Brünnelistock, läßt sich gut rechts umgehen. Beide Wege treffen am **Ibergeregg** (1406 m) wieder zusammen. Das Hotel auf der Paßhöhe bietet eine willkommene Einkehrmöglichkeit, bevor ein langer Abstieg über Feuchtgelände und Weiden nach **Hand** hinunterführt (1065 m, Restaurant). Das letzte Wegstück verläuft meist parallel zur Ibergereggstraße, teilweise im Wald, teilweise auf offener Flur. Bald erreicht man den Ortsteil Rickenbach und gelangt wenig später – vorbei an stattlichen Herrenhäusern – zum Hauptplatz von **Schwyz**.

40 Höhronen, 1229 m

Zwischen Ägeri- und Zürichsee

Unterägeri – Gottschalkenberg – Höhronen – Biberbrugg

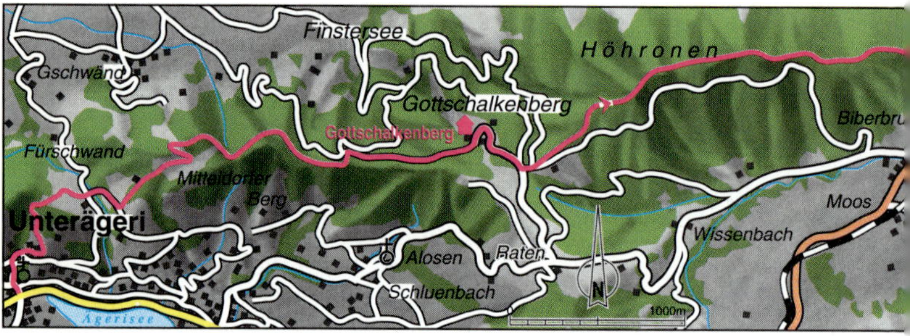

Ausgangspunkt: Unterägeri, 729 m, Busverbindung von Zug und der Bahnstation Sattel.
Zielpunkt: Biberbrugg, 830 m, Bahnstation, Rückkehr mit der Bahn bis Sattel und weiter per Bus zum Ausgangspunkt.
Gehzeit: 4 – 5 Std.
Höhenunterschied: 600 m.

Anforderungen: Einfache Wanderung, größtenteils auf schattigen, gut ausgeschilderten Waldwegen, ideal für Kinder.
Einkehrmöglichkeit: Restaurant Gottschalkenberg (1148 m, Autozufahrt von Oberägeri, montags Ruhetag).
Variante: Direktabstieg vom Dreiländerstein nach Biberbrugg oder Schindellegi.

Der langgestreckte Rücken des Höhronen zwischen Ägeri-, Zürich- und Sihlsee ist ein Grenzberg in mehrfacher Beziehung. Er trägt im Dreiländerstein die Grenzmarken der Kantone Zug, Schwyz und Zürich, schirmt das Alpenvorland nach Süden gegen die Voralpen ab und bildet den Übergang von der Region Innerschweiz ins Züribiet (Zürichgebiet). Dunkel steigt der Waldkamm längs der Biberhochfläche empor, während er zur anderen Seite steil gegen das Sihltal abfällt. Nur nach Westen, zum Ägerisee, gliedern sich die Ausläufer der Höhronen stärker auf, hier wirken die grünen Kuppen über Unter- und Oberägeri ausgesprochen einladend. Trotz der dichten Bewaldung ist die Längsüberquerung der Höhronen keineswegs eintönig. Das Kartenbild täuscht! Wiederholt geben Lichtungen oder kahle Weideflächen überraschend schöne Ausblicke frei, und im Spätherbst kann diese Höhenwanderung zu einem Fest der Farben werden. Ihr besonderer Reiz liegt im allmählichen Wechsel der umgebenden Landschaft. Man startet am kleinen, bergumsäumten Ägerisee in den Voralpen und steht zum Ende des Weges hoch über dem langgezogenen Zürichsee am Rand des dicht besiedelten Mittellandes. Gut fünfzehn Kilometer mißt die bei wenig Steigung sehr familienfreundliche Strecke, dazu gibt auf der Hälfte der Distanz das

Restaurant Gottschalkenberg eine willkommene Gelegenheit zur Rast.
Bester Ausgangspunkt ist **Unterägeri** am gleichnamigen See. Vom Wegweiser in der Dorfmitte folgt man anfangs dem »Panoramaweg Ägerital« Richtung »Gottschalkenberg« nordwärts über den Wiler Berg bis zu einem Wiesensattel. Hier verweist ein Schild rechts zum nahegelegenen **Aussichtspunkt P.977** (Kreuz), von dessen vorspringender Kuppe sich ein herrlicher Blick übers Ägerital gegen Rigi, Rossberg und die geheimnisvollen Felszacken der Mythen öffnet. In einem kleinen Hochtälchen geht es anschließend auf schmaler Teerstraße bis Hinter Schneid, wo die Route links abzweigt und gegen die Kammhöhe (Chnollenweidsattel) ansteigt. Oben hält man sich rechts und wandert längere Zeit im Wald, bis sich das Gelände am **Gottschalkenberg** (1140 m) ganz plötzlich lichtet. Im Süden leuchtet der Firn der Glarner Alpen vom Glärnisch bis zum Tödi – ein bezauberndes Bild, das nach einem kurzen Abstecher zu den Kuppen nördlich des Restaurants noch besser zur Geltung kommt (Panoramatafel). Hinter Gottschalkenberg verschwindet der Weg abermals im Wald, führt über die Höhe der **Höhronen** (1229 m, keine Aussicht) zum Dreiländerstein und weiter zum Wildspitz (P.1205). Ein kurzer Abstieg leitet zum P.1146. Der Bergrücken verengt sich mehr und mehr zu einem schmalen Kamm. Ungehindert schweift der Blick jetzt über das gesamte Becken des Zürichsees hinweg bis zum Uetliberg über dem Häusermeer von Zürich. Die kurzweilige Gratstrecke endet schließlich am **Sendeturm P.1056**. Von dort führt ein Weg geradewegs hinab zur Schnellzugstation **Biberbrugg**.

Blick vom Aussichtspunkt P.977 auf Unterägeri, Rigi und Pilatus (rechts).

Berge um Urner See und Reuß

Die Region des Urner Sees und des Oberen Reußtales bilden geographisch wie geschichtlich das Herz der heutigen Eidgenossenschaft. Hier zeigt sich überdies das Bild von der Alpenlandschaft Schweiz am eindringlichsten. Der fjordartig zwischen steilen Bergen eingeschnittene Urner See als südliche Verlängerung des Vierwaldstätter See verkörpert den Archetypus eines Gebirgssees, und das enge Reußtal mit seinen romantischen Seitentäler entspricht trotz verkehrsmäßiger Totalerschließung noch immer der Klischeevorstellung von der Urschweiz, vom Land im Gebirge. Gewiß stehen hier

Direkt hinter dem Arnisee scheinen Chli u. Groß Windgällen emporzuragen.

nicht die höchsten Berge der Schweiz, aber nirgendwo sonst rücken die Felsen und Gletscher so dicht an den besiedelten Talgrund heran, sind Hochgebirge und Kulturlandschaft so unmittelbar miteinander verwoben. Man könnte den besonderen Reiz der Region mit der Harmonie der Gegensätze umschreiben: firnumlagerte Höhen über dunklem Waldsaum, grüne Matten zwischen schroffen Kalkwänden und scharfe Felsvorsprünge gegen den blauen Seespiegel. Nur in dieser spezifischen Atmossphäre konnte die Befreiungssage von Wilhelm Tell entstehen, u.a. in der berühmten Fassung von Friedrich Schiller, der übrigens die Schweiz selbst nie betreten hat. Den Schauplätzen des Tell-Mythos und der Entstehungsgeschichte der Eidgenossenschaft begegnet man vielerorts am Urner See, beim Mythenstein und auf der Rütliwiese, an der Tellsplatte oder vor dem Telldenkmal in Altdorf. Der 1991 zum 700jährigen Bestehen der Schweiz angelegte »Weg der Schweiz« rund um den Urner See von der Rütliwiese bis Brunnen verbindet viele geschichtsträchtige wie sagenumwobene Orte miteinander. Als ideale Fortsetzung empfiehlt sich der ebenfalls zum Jubiläumsjahr erstellte »Waldstätter Weg«, der ab Brunnen ganz um den Vierwaldstätter

See herum zur Rütliwiese verläuft. Diese Bergwiese am Eingang zum Urner See ist der Überlieferung zufolge die Geburtsstätte der Eidgenossenschaft. Dort taten 1291 die Abgesandten der Waldstätte Uri, Schwyz und Unterwalden (die drei Urkantone) den sog. »Rütlischwur« zum »Ewigen Bund« gegen die Vorherrschaft der Habsburger Vögte.

Die Entwicklung der Region am Urner See wurde und wird geprägt durch die Verkehrachse zum Gotthard, einem der wichtigsten Nord-Süd-Übergänge der Alpen. Wegen seiner steilen Felsufer war der Urner See zunächst nur per Schiff passierbar. Erst 1865 konnte die damals noch recht abenteuerlich verlaufende Axenstraße am östlichen Seeufer eröffnet werden, die inzwischen mittels zahlreicher Tunnels und Galerien weitgehend »entschärft« worden ist. Dennoch macht die Axenstraße weiterhin von sich Reden, zuletzt im Frühjahr 1992, als Felsverschiebungen eine spektakuläre Sprengung erforderlich machten und die Strecke für Monate gesperrt war. Ähnlich wichtig wie die Axenstraße ist heute die 1980 fertiggestellte Autobahn am westlichen Seeufer, deren Kern der 9 km lange Seelisbergtunnel bildet. Daneben gibt es natürlich auch eine Bahnlinie und die zahlreichen Schiffsverbindungen, so daß der Urner See inzwischen zu den verkehsmäßig am besten erschlossenen Regionen der Alpen zählt.

Seeauge unter dem Sunniggrat, im Hintergrund Chli Windgällen und Oberalpstock.

Das Dörfli Riemenstalden im gleichnamigen Seitental am Urner See.

Die Wandermöglichkeiten um Urner See und Reuß sind so zahlreich wie die Formen der Berge. An Paßübergängen und Höhenwegen ist kein Mangel. Den ausdauernden Wanderer bzw. Bergsteiger dürften allerdings in erster Linie die vielen vorgeschobenen Aussichtsgipfel interessieren, vom Fronalpstock bis zum vergletscherten Urirotstock, dem alpinen Wahrzeichen der Gegend. Die Anstiegsrouten sind meist gut markiert und bis auf wenige Ausnahmen leicht begehbar. Zum Besuchsprogramm sollte natürlich auch eine Dampferfahrt zählen, von Flüelen bis Brunnen oder weiter bis Luzern. Dabei erhält man ganz eigene Eindrücke und Perspektiven, die das Landschaftsbild erst abrunden. Der Urner See ist übrigens ein ausgesprochenes Föhngebiet. Hier kann, vor allem im Herbst, noch die Sonne scheinen, während weiter draußen im Norden bereits dichte Wolken aufgezogen sind. Surfer und Segler müssen aber wissen, daß der See gerade im Föhnsturm (Südwind) unberechenbar wird und tückische Wellen hervorbringen kann.
Wer sich für Sehenswürdigkeiten und Kultur intererssiert, sollte unbedingt die historische Ortschaft Bürglen beim Urner Kantonshauptflecken Altdorf sowie das kleine Kulturzentrum Seedorf am Südzipfel des Urner Sees besuchen. Dort gibt es im Schlößchen A Pro das Urner Mineralienmuseum zu sehen. Daneben sind im gleichen Ort noch die Ruine Turmmatt zu nennnen, die barocken Pfarrkirche aus dem 17. Jahrhundert sowie das Frauenkloster St. Lazarus, eines der bedeutendsten Baudenkmäler der Region.

41 Urirotstock, 2928 m

2500 Meter über dem Urner See

St. Jakob – Biwald – Gitschenhöreli-Hütte – Urirotstock – St. Jakob

Talort: Isenthal, 770 m, Postauto von Altdorf bzw. der Schiffsstation Isleten.
Ausgangspunkt: St. Jakob (990 m); Postauto von Isenthal.
Anforderungen: Anspruchsvolle Bergwanderung; Trttsicherheit erforderlich; eventuell Zweitagestour; vielbegangen.
Höhenunterschied: Urirotstock 1960 m.
Gehzeiten: St. Jakob – Biwald 2 Std.; Biwald – Gitschenhöreli-Hütte 1½ Std.; Gitschehöreli-Hütte – Urirotstock 1½ Std., Abstieg 3 Std.; Gesamtzeit 8 Std.
Einkehr und Unterkunft: Berghaus Biwaldalp, 1650 m und Gitschenhöreli-Hütte, 2300 m.
Varianten: Abstieg über Chlitaler Firn zur Musenalp und durchs Chlital nach Isenthal oder über Brunnifirn, via Schlossstocklücke – Ruggubelhütte nach Engelberg.
Einkehr und Unterkunft: Biwaldalp (1690 m), Gitschenhöreli-Hütte (2300 m).

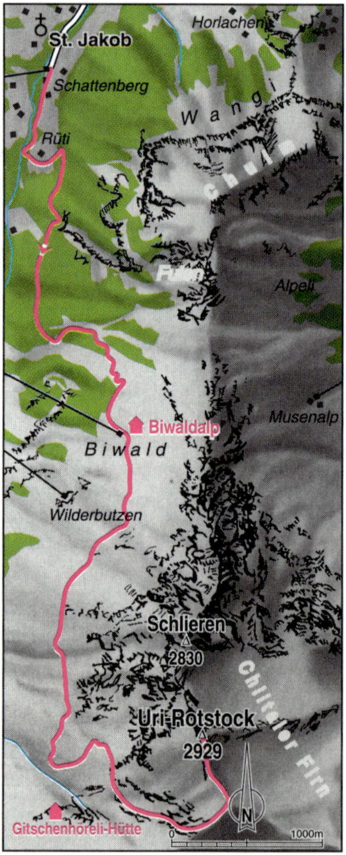

Flankiert von seinen beiden Vorposten Gitschen und Schlieren, beherrscht der Urirotstock ganz den Urner See. Volle 2500 Meter überragt die firnumlagerte Gipfelpyramide den Seespiegel, ein faszinierendes Bild extremer Gegensätze. Ob im gleißenden Sonnenlicht, im geheimnisvoll treibenden Gewölk oder in den verschleierten Farben der Föhnstimmung, stets wirkt der Urirotstock auf den ambitionierten Bergwanderer unwiderstehlich. Wer Ausdauer, Trittsicherheit und das Gespür für das richtige Wetter besitzt, darf sich diese Tour ohne weiteres zutrauen. Zum Urirotstock führt nämlich trotz seiner beachtlichen Höhe ein markierter Normalanstieg empor, der durch zwei Stützpunkte gut erschlossen ist. Man erlebt dabei hautnah die Gletscherwelt des Hochgebirges, ohne selbst einen Gletscher betreten zu müssen. Höhepunkt der Tour ist bei klarem Wetter das vielgezackte Gipfelpanorama mit dem grandiosen Tiefblick zum Urner See. Am besten beginnt man die Bergtour mit einer Schiffsreise von Luzern oder Flüelen nach Isleten und nimmt dort das Postauto durch das schluchtartige Isental nach **St. Jakob** (977 m). Dort beginnt die ausgeschilderte Anstiegsroute durch das Großtal. Bis Rüti folgt man dem Alpsträßchen, dann geht es an der östlichen Talseite auf einem Forstweg zum P. 1341 und weiter steil via Oberrüti zur **Biwaldalp** oberhalb der Waldgrenze (Berghaus, 1694 m). Der nächste Wegabschnitt führt unter den Hängen des Schlieren hoch über dem Talschluß zur rechten Seitenmoräne des Brunnifirns, an deren Ende sich die **Gitschenhöreli-Hütte** (2300 m) befindet. Anschließend gelangt man zu der kurzen »Schlüsselstelle « im Schrofengelände (Drahtseile), ehe über Schutt der kleine Sattel nördlich des P. 2826 erreicht wird. Zuletzt ziehen Pfadspuren in der Südwest-Flanke zum Gipfelsteinmann empor.

Blick von Osten auf den Brunnistock (links) und den firnumlagerten Urirotstock (rechts).

42 Sunnig Grat, 2034 m

Familienwanderung hoch über dem Reußtal

Arnisee – Grossgand – Sunnigrätli-Hütte – und zurück

Talort: Intschi, 650 m, SBB-Station.
Ausgangspunkt: Arnisee, 1368 m, Seilbahn von Intschi.
Gehzeiten: Arnisee – Sunnig Grat 2½ Std., Abstieg 1½ Std.; Gesamtzeit 4 Std.
Anforderungen: Einfache Wanderung in wildromatischer Landschaft mit eindrucksvollen Ausblicken; ideal für Familien mit Kindern.
Variante: Für den Talanstieg von Intschi bis zum Arnisee weitere 2 Std. erforderlich.
Einkehr: Gasthäuser am Arnisee; Sunniggrätli-Hütte, 1977 m, Massenlager.

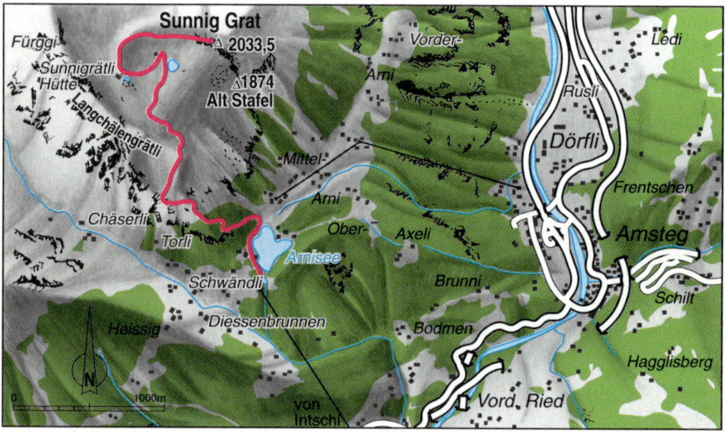

Eine ausdrucksvolle Gipfelgestalt ist der Sunnig Grat nicht, eher eine kleine, unscheinbare Bergschulter. Die steht aber so dicht über dem Reußtal, daß man sich dort oben kaum satt sehen kann an dem frappierenden Tiefblick ins Urnerland und zum Urner See. Offen liegt auch das grüne Fellital, sowie das Maderanertal mit seiner gletscherreichen Hochgebirgsumrahmung. Am besten kommt das alles im Frühherbst zur Geltung. Dann ist das Rietland ringsum bunt, die eingelagerten Seeaugen erscheinen tiefblau, und die Dreitausender gegenüber wirken im ersten Neuschnee wie Himalayariesen. Der Sunnig Grat eignet sich besonders für Familien mit Kindern. Seilbahnen verkürzen den Talaufstieg, der gefahrlose Wanderweg ist überaus abwechslungsreich, und außerdem steht am Fuße des Gipfels eine kleine bewirtschaftete Berghütte. Von Intschi im Reußtal führt eine Seilbahn zum Ausgangspunkt der Tour, dem hübsch in die Landschaft eingebetteten

Arnisee (1368 m). Dieser wurde in den Jahren 1908 bis 1912 künstlich aufgestaut und dient seither der Energiegewinnung. Die erste Etappe zieht dicht am bewaldeten Ufer entlang. Exorbitant steil ragen im Osten scheinbar direkt hinter dem See der Bristen, der Oberalpstock und der Chli Windgällen auf, ein beeindruckendes Bild, das immer wieder zum Verweilen einlädt. Später verschwindet der Weg links im Wald und windet sich in etlichen Kehren empor zum freien Rietboden (1778 m). Zwischen dichten Heidelbeersträuchern geht es eine weitere Hangstufe hinauf nach **Grossgand** mit seinen zahlreichen, versteckten Seeaugen. Bis zum Ziel der Wanderung ist es jetzt nicht mehr weit. Die Route holt jedoch noch etwas nach Westen aus und führt zunächst zur **Sunniggrätli-Hütte** (1977 m), gut bewirtschaftet und idyllisch gelegen. Hier beginnt der eigentliche »Gipfelanstieg«, der diese Bezeichnung im streng alpinistischen Sinne allerdings kaum verdient. Aber dafür verläuft das letzte Stück bis zum Gipfelkreuz durch ein wahres Labyrinth vielfältig geformter Granitblöcke, wo Kinder wie Erwachsene spielerisch ihre Geschicklichkeit im Fels testen können.

Dicht unter dem Sunnig Grätli lädt die gleichnamige Hütte zur Rast ein.

43 Bälmeten, 2414 m, und Hochfulen, 2506 m

Steiler Anstieg – jäher Tiefblick

Ober Schwandi – Hochfulen – Bälmeten – und zurück

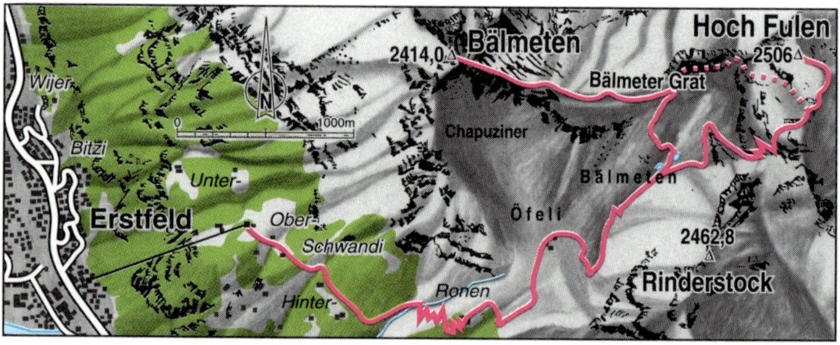

Talort: Erstfeld, 472 m, SBB-Station, Autobahnausfahrt.

Ausgangspunkt: Ober Schwandi, 1113 m, Luftseilbahn von Erstfeld.

Höhenunterschied: Ober Schwandi – Bälmeten 1300 m, zum Hochfulen 100 m mehr.

Gehzeiten: Ober Schwandi – Hochfulen (oder Bälmeten) 4 Std., Übergang von Gipfel zu Gipfel 1 Std., Abstieg 2½ Std.; Gesamtzeit 7 – 8 Std.

Anforderungen: Gut markierte Route, teils Weg-, teils Pfadspuren; im Gipfelbereich des Hochfulen weglos; Ausdauer und Orientierungsvermögen notwendig.

Einkehrmöglichkeit: Berggasthaus Strängmatt, 1251 m.

Variante: Abstieg vom P. 2252 (Bälmeter Grat) nordwärts über Schattdorfer Bergen zur Seilbahnstation Schattdorf – Haldi.

Die südlich des Schächentals der Windgällen-Kette vorgelagerte kleine Hochfulen-Gruppe besitzt zwei interessante Erhebungen: erstens den Hochfulen als Kulminationspunkt und zweitens den Bälmeten, dessen auffällig horizontal verlaufender Bergrücken weit gegen das Reußtal vorgeschoben steht. Volle 2000 m überragt dieser Bälmeten in einem Zuge den Talboden, und kein Hindernis tut sich auf, das den jähen Tiefblick von da oben beeinträchtigen könnte. Auf das Dorf Erstfeld schaut man beinahe senkrecht hinab. Am weiter zurückliegenden Hochfulen fehlen solch spektakuläre Tiefblicke, dafür ist das Gipfelpanorama nach Osten und Süden ausgedehnter. Bälmeten und Hochfulen lassen sich gut zu einer Tagestour kombinieren, wobei man in der Regel für die ersten 700 Höhenmeter eine der drei Seilbahnen benutzt. Den direkten Anstieg vermittelt die Luftseilbahn Erstfeld – **Ober Schwandi** (1113 m). An der Bergstation beginnt ein prächtig angelegter Höhenweg, der ziemlich horizontal südostwärts zum Gasthaus **Strängmatt** (1251 m) zieht. Im Wald und über steile Bergwiesen geht es dann weiter nach Ronen empor (1539 m). Die Wegmarkierungen leiten jetzt

Der Hochfulen trägt seinen Namen wegen des vielen »faulen«, losen Gesteins.

schräg durch einen Föhrenhang hinauf, queren den Plattenbach und führen über ein Steilstück in die Mulde von **Öfeli** (1754 m). Oberhalb Öfeli weitet sich das Gelände zu einem ausgedehnten Talkessel, der zu Beginn von einem schmalen Felsband durchzogen wird. Die Route weicht diesem Hindernis nach rechts aus und verläuft längs der Felsmauern unterm Rinderstock aufwärts bis zur Wegverzweigung am winzigen Bödmer-Seeli. Wer zum Hochfulen will, hält sich rechts auf dem Weg nach Stich und steigt aus dem Schuttkar ohne Schwierigkeiten zum geräumigen **Gipfeldach** bergan. Die Route zum Bälmeten führt von der Wegverzweigung an einem zweiten Seeauge vorbei, zwischen zwei Felsriegeln hindurch und erreicht über Geröll den Bälmeter Grat. Aus der Gratlücke (**P. 2252, »Grätli«**) wendet man sich nach links und gewinnt über den waagerechten Kammrücken bald das große **Gipfelkreuz**. Stehen beide Gipfel auf dem Programm, ersteigt man zuerst den Hochfulen, verläßt den Berg über die harmlose Südwest-Flanke und quert rechtshaltend auf guter Pfadspur unterm Chli Fulen entlang zum Bälmeter Grat hinüber.

44 Rophaien, 2078 m

Eckpfeiler der Chaiserstock-Kette

Riemenstalden – Alplen – Alpler See – Alp Stock – Rophaien – und zurück

Talort: Sisikon, 435 m, SBB und Schiffsstation.
Ausgangspunkt: Riemenstalden, 1000 m, Straße von Sisikon; zweimal am Tag Posttaxi.
Anforderungen: Leichte Bergwanderung auf markiertem Pfad; bei Nässe im Gipfelbereich Vorsicht. Der Übergang zum Diepen erfordert Trittsicherheit.
Höhenunterschied: Riemenstalden – Rophaien 1070 m.
Gehzeiten: Riemenstalden – Rophaien 3 Std., im Abstieg 2 Std.; Übergang zum Diepen 1 Std.; Abstieg vom Diepen nach Riemenstalden 2 Std.; Gesamtzeit 6 Std.
Einkehrmöglichkeit: Restaurant »Kaiserstock« im Riemenstalden.

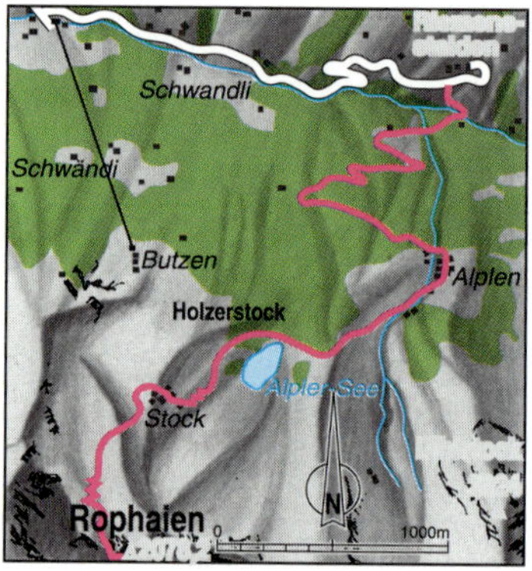

In der Aufzählung der besten Aussichtsberge am Urner See darf neben Niderbauen, Urirotstock, Fronalpstock und Hochflue selbstverständlich der Name Rophaien nicht fehlen. Als westlicher Eckpfeiler der Chaiserstock-Kette überragt er turmhoch das Feriendorf Flüelen und fällt mit steilen Flanken jählings gegen den Seespiegel ab. Sichtbares Zeichen seiner vorgeschobenen Position ist sein riesiges Gipfelkreuz, das größte im gesamten Kanton Uri. Steil und abweisend wirkt der Rophaien freilich nur von Süden und Westen; die Nordseite zeigt dagegen eine eher sanfte pultförmige Abdachung – ein typisches Merkmal der Chaiserstockkette. Diese Schwachstelle nutzt auch die Normalroute aus, die im stillen Riemenstaldener Tal ihren Ausgang nimmt.

Der Weg beginnt im winzigen Dörfli **Riemenstalden** (1000 m), zu dem zweimal am Tag das Posttaxi von Sisikon verkehrt. An der südlichen Talseite zieht ein Forstweg in mehreren Kehren im Alpler Wald empor zu den Hütten von **Alplen** (1390 m). Die nächsten 200 Höhenmeter führen durch einen hübschen Wiesenkessel zum verträumten kleinen **Alpler See**. Dieses romantisch zwischen Grünmatten, Bäumen und schroffen Kalkwänden eingebettete Seeli ist eine Perle der Voralpenlandschaft und einer der schönsten Rastplätze weitum. Unterm Holzerstock entlang geht es später teilweise über Geröll, teilweise durch Buschwerk eine weitere Hangstufe hinauf zur **Alp Stock** (1710 m). Dort rückt endlich der Rophaien selbst ins Blickfeld. Auf der gut markierten Route gelangt man um den von Norden herabziehenden

Kamm herum zur begrünten Nordwestflanke des Berges. Hier windet sich der Pfad in vielen Kehren empor zur Höhe des Nordwestgrates, auf dessen Scheitel das **Gipfelkreuz** erreicht wird.
Wer für den Rückweg alpinere Akzente setzen will, der unternehme vom Rophaien aus die eindrucksvolle Gratwanderung hinüber zum **Diepen** (2221 m). Diese erfordert nur beim Abstieg vom Äbneter Stöckli etwas Vorsicht. Vom Diepen bzw. vom Sattel P. 2028 gelangt man über die **Äbneter Alp** leicht hinab nach Alplen.

1600 m überragt der Rophaien den Urner See.

45 Fronalpstock, 1922 m, und Chlingenstock, 1935 m

Kammwanderung zwischen Muotatal und Riemenstaldener Tal

Stoos – Fronalpstock – Furggeli – Huserstock – Chlingenstock – Metzg – Stoos

Talort: Schwyz, 516 m; Straße und Busverkehr zur Stoos-Bahn nach Schlatti.
Ausgangspunkt: Stoos, 1275 m; autofreier Sommerkurort; Bergbahn von Schlatti.
Gehzeiten: Stoos – Fronalpstock 1½ Std.; Fronalpstock – Chlingenstock 2 Std.; Chlingenstock – Stoos 1¼ Std.; Gesamtzeit 4¾ Std.

Höhenunterschied: Stoos – Fronalpstock 670 m; Fronalpstock – Furggeli – Chlingenstock 200 m.
Anforderungen: Aussichtsreiche, vielbegangene Höhenwanderung, die im Aufstieg zum Huserstock etwas Schwindelfreiheit verlangt.
Einkehrmöglichkeit: Gasthaus Fronalpstock, 1922 m.

Hinter Brunnen und Sisikon ragt mit dichtem Waldpelz und breiten Felsbänken der Fronalpstock steil über dem Urner See empor. Zur Muotataler Seite ist er hingegen nichts weiter als eine harmlose Rasenkuppe, deren langgezogener Nordostrücken einen ganz einfachen Gipfelzugang vermittelt. Aufgrund seiner exponierten Randlage gewährt der Fronalpstock eine verblüffende Übersicht über den weitausgebreiteten Vierwaldstätter See. Streng

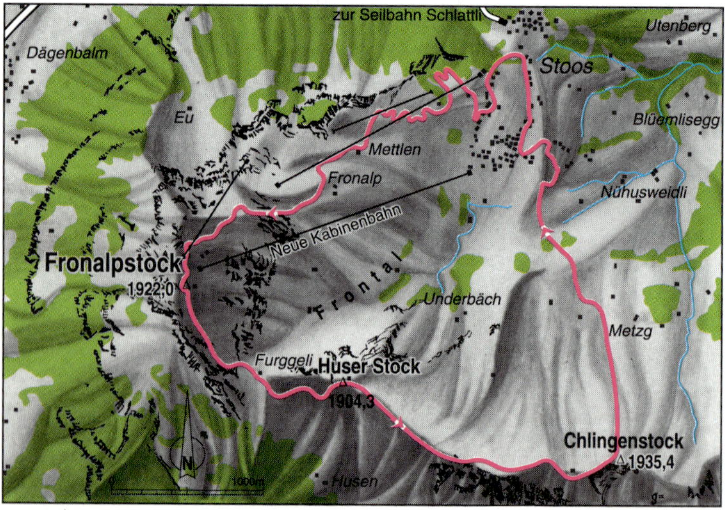

Der Huserstock im Kammverlauf Fronalpstock – Chlingenstock.

genommen ist der Fronalpstock nur die Westschulter jener Gipfelkette, die ostwärts mit Huserstock, Chlingenstock und Hengst zum Wannentritt verläuft und die Scheitellinie zwischen Muotatal und Riemenstaldener Tal bildet. Trittsicheren Bergsteigern bietet dieser schmale begraste Gratfirst eine anregende Höhenwanderung, die wegen der ziemlich steilen Passage in der Südflanke des Huserstocks vornehmlich in der West-Ost-Richtung unternommen wird. Das gesamte Gebiet des Chlingenstocks ist bekannt für seine artenreiche Alpenflora. Die vielbegangene Tour beginnt und endet in **Stoos** (1275 m). Der Sommerkurort liegt reizvoll in einer Mulde am Fuße des Fronalpstocks eingebettet. Zu Fuß oder mit der neuen Kabinenbahn geht es zuerst zum gemütlichen Gipfelgasthaus auf dem **Fronalpstock** (1922 m). Von dort wandert man in die Einsattelung der **Furggeli** hinab (1732 m) und gewinnt anschließend im Gegenanstieg auf stellenweise ausgesetztem Pfad (Stufen, Drahtseil) den **Huserstock.** Wer nicht schwindelfrei ist, kann den Huserstock ab Furggeli nordseitig via Underbäch umgehen. Ab Huserstock verläuft der Panoramaweg stets auf dem schmalen, aber gut begehbaren Kammfirst. Nollen und Rot Turm heißen die nächsten Stationen, dann folgt mit dem kreuzgeschmückten **Chlingenstock** der Kulminationspunkt der ganzen Kette (1935 m). Aufregend schön ist hier der Einblick ins Riemenstaldener Tal: Die Chaiserstock-Kette steht vis à vis, und gegen Norden zeigt der Gr. Mythen seine unverkennbare Silhouette. Der Wegweiser auf dem Chlingenstock markiert den Wendepunkt der Tour. Pfadspuren leiten nordwärts in den Weidehängen der Näppenalp (Skilifte) hinab nach **Metzg** (1540 m), wo man auf den breiten Wirtschaftsweg nach Stoos trifft.

46 Höhenweg Eggbergen – Klausenpaß

Aussichtspromenade über dem Schächental

Eggbergen – Gr. Fliesch – Vorder Wissenboden – Rietlig – Mettenen – Heidmanegg – Unter Balm – Klausenpaß

Talort: Flüelen, 435 m, Bahn- und Schiffsstation. Altdorf, 458 m.
Ausgangspunkt: Eggbergen, 1445 m, Seilbahn von Flüelen.
Zielpunkt: Klausenpaß, 1948 m, Restaurant; vom 22. Juni bis 20. Okt. Busverbindung nach Altdorf und Flüelen.
Gehzeiten: Eggbergen – Klausenpaß 6½ Std.; ab Flüelen 2½ Std. zusätzlich.
Höhenunterschied: Flüelen oder Altdorf – Eggbergen 1000 m, Eggbergen – Klausenpaß 500 m.
Anforderungen: Leichte, aber lange Höhenwanderung auf teilweise asphaltierten Wegstrecken, ungewöhnlich aussichtsreich.
Einkehrmöglichkeit: Gasthaus Eggbergen; Restaurant am Klausenpaß.
Varianten: Abkürzungsmöglichkeiten durch Abstiege ins Schächental.

Den Winkel zwischen dem Schächental und dem Südzipfel des Urner Sees füllt die Geländeschulter von Eggbergen, dessen Name nicht treffender gewählt sein könnte. Wie ein gewaltiger Aussichtsbalkon ragt Eggbergen über dem Reußdelta empor. Für Altdorf oder Flüelen ist die nebelfreie Sonnenterrasse Eggbergen ein sehr beliebtes Ausflugsziel. Kein Wunder, daß neben zahlreichen Wanderwegen auch eine Seilbahn dort hinaufführt. Eggbergen bildet den Ausgangspunkt verschiedener alpiner Paßrouten, z.B. über den nahen Schön Chulm ins Riemenstaldener Tal oder den Chinzig-Chulm ins Muotatal. Das nachhaltigste Erlebnis vermittelt indes der Höhenweg von Eggbergen zum Klausenpaß. Man marschiert dort in knapp 1800 m Höhe dicht unter den Südabstürzen der Chaisertsock- bzw. der Windgällen-

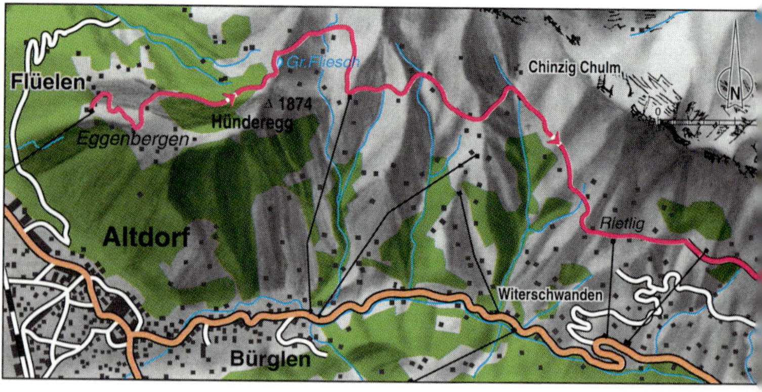

Blick von Eggbergen gegen die Urirotstock-Gruppe.

kette entlang und hat dabei stets die eisbedeckte Nordfront der Glarner Alpen südlich des Schächentals vor Augen.
Ab **Eggbergen** (1445 m, Gasthaus) heißt das erste Etappenziel **Gr. Fliesch** (1812 m), ein verträumter kleiner Bergsee. Diesen erreicht man entweder auf bequemem Weg vorbei an Angelingen oder etwas steiler über den Aussichtspunkt Hüenderegg (1874 m, Kreuz). Aus dem Sattel südlich des Seelis quert die Route den sumpfigen Selez-Boden und verläuft um drei Geländerücken herum zum Kreuzungspunkt **Vorder Wissenboden** (1720 m, Wegweiser). Der Höhenweg zieht weiter nach Osten und senkt sich allmählich hinab zur Streusiedlung **Rietlig**. Das nun folgende Teilstück besteht anfangs aus einem Asphaltsträßchen, doch schon bald steigt ein neu angelegter Weg links zur Alp **Mettenen** an. Dort sollte jeder einen Augenblick verweilen, denn südwärts schaut man genau ins grüne Brunnital hinein, hinter dem Groß Ruchen, Groß und Chli Windgällen die größte zusammenhängende Kalkmauer der Alpen bilden! Am Hang entlang geht es weiter zu den Alphütten **Heidmanegg** (1862 m), einem idyllischen Rastplatz vor der imposanten Gletscherkulisse um Scherhorn und Chammliberg. Ein breiter Alpweg führt schließlich über Vorder- und Hinter Rustigen nach **Unter Balm** (Hotel) an der Klausenpaßstraße. Das letzte Stück zur Paßhöhe (1948 m, Restaurant) muß man dann parallel zur Autostraße zurücklegen. Wer möchte, kann die Wanderung auch bereits an der Postautohaltestelle Balm beenden.

47 Chli Windgällen, 2986 m

Kalksäule über dem Tal der Reuß

Bristen – Windgällenhütte – Chli Windgällen – und zurück

Talort: Amsteg-Silenen, 544 m, SBB-Station.
Ausgangspunkt: Bristen, 770 m, bzw. Parkplatz Golzernbahn, 832 m; Postauto von Amsteg.
Höhenunterschied: Bristen – Windgällenhütte 1260 m, Windgällenhütte – Chli Windgällen 950 m.
Gehzeiten: Bristen – Windgällenhütte 2½ Std., Windgällenhütte – Chli Windgällen 3½ Std., Abstieg 2½ Std., Windgällenhütte – Bristen 1½ Std.; Gesamtzeit 10 Std.
Anforderungen: Leichte Bergtour zum Chli Windgällen (I), Orientierungsvermögen und Trittsicherheit erforderlich.
Variante: Aufstieg zum Groß Windgällen durch die Ostflanke, nur für erfahrene Bergsteiger (II+, 4 Std. ab Windgällenhütte).
Einkehr und Unterkunft: Windgällenhütte AACZ, 2032 m, im Sommer bewirtschaftet; evtl. SAC-Hotel Balmenegg, 1349 m.

Zu den vielbeachteten Berggestalten beiderseits des Urner Reußtals gehört der Chli Windgällen. Er überragt als westlicher Eckpfeiler der Scherhorn-Windgällenkette das Reußufer um 2500 Höhenmeter und läßt von seiner Spitze fast den gesamten Talverlauf überblicken, bis hin zum Urner See. Die steilen Kalkplatten und Abbrüche, mit denen der Berg unten auf der Gotthardautobahn den Betrachter beeindruckt, wirken für den Wanderer zwar nicht gerade einladend, doch gibt es am Chli Windgällen eine schwache

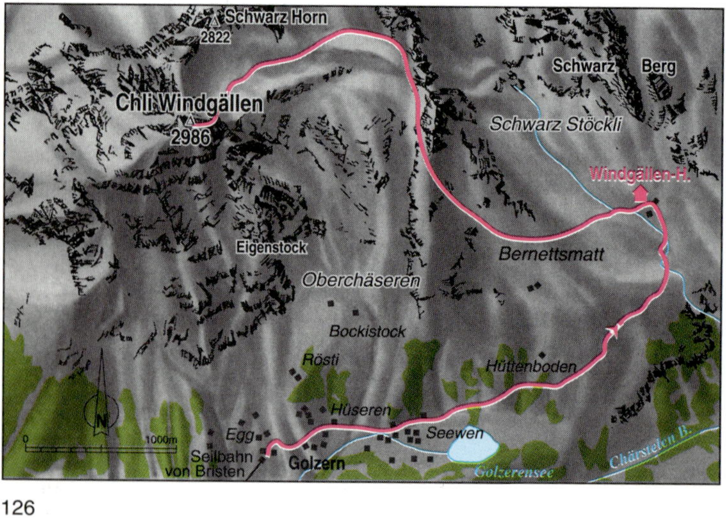

Steil ragt der Chli Windgällen über dem Reußtal empor; dahinter der Gr. Windgällen.

Stelle. Um diese auszunutzen, muß man sich allerdings zwei Tage Zeit nehmen, ins wildromatische Maderanertal hineinfahren und in der Windgällenhütte nächtigen.
Ausgangspunkt ist das Dorf **Bristen** (770 m) bzw. der Parkplatz an der Golzern-Bahn, zwei Kilometer weiter taleinwärts (830 m, Beginn des Fahrverbots). Die meisten benutzen hier die kleine Luftseilbahn, man kann natürlich genauso über die saftigen Bergwiesen zur autofreien Alpsiedlung Golzen emporwandern. Von der **Bergstation** (1390 m) geht es ostwärts zu den Hütten von Seewen und oberhalb des Golzerensees auf gutem Pfad durch einen spärlich bewaldeten Hang zur Weggabelung P.1919. Beim großen Steinmann hält man sich dann links und erreicht parallel zum Stäfelibach die herrlich gelegene **Windgällenhütte** (2032 m). Der Gipfelanstieg zum **Chli Windgällen** ist einfacher zu finden als es die etwas komplizierte Beschreibung im SAC-Führer (Urner Alpen Ost) vermuten läßt. Es gibt eine solide Pfadspur sowie im Felsbereich viele Steindauben, außerdem beschränkt sich die eigentliche Kletterei auf wenige Stellen. Von der Windgällenhütte folgt man dem ausgetretenen Weg nach Nordosten um das Schwarz Stöckli herum in die Mulde zwischen Groß und Chli Windgällen. Jetzt geht es hinüber zum Ostgrat und anfangs an dessen Nordseite, später dann in der Südflanke empor. Erst kurz vor dem Gipfel kehrt man zur Grathöhe zurück und klettert in wenigen Minuten empor bis zum höchsten Punkt.

48 Rund um den Bristen

Maderaner-, Etzli- und Fellital

Bristen – Etzlihütte (– Rossbodenstock) – Pörtlilücke – Treschhütte – Ober Felliberg – Gurtnellen

Ausgangspunkt: Bristen, 770 m, Postautoverbindung von der SBB-Station Amsteg-Silenen.
Zielpunkt: SBB-Station Gurtnellen 760 m, Rückkehrmöglichkeiten mit Bahn und Bus nach Bristen.
Höhenunterschied: Bristen – Etzlihütte 1430 m; Etzlihütte – Pörtlilücke 300 m; Abstieg ins Reußtal 1810 m.
Gehzeiten: Bristen – Etzlihütte 3½ Std.; Etzlihütte – Treschhütte 3 Std.; Treschhütte – Gurtnellen 2½ Std.; Gesamtzeit 9 Std.
Anforderungen: Gut markierte Pfade in alpinem Gelände, Ausdauer und Trittsicherheit erforderlich.
Einkehr und Unterkunft: Etzlihütte SAC, 2200 m, von Juli bis Oktober bewirtschaftet; Treschhütte SAC, 1475 m, an Sommerwochenenden bewirtschaftet, sonst für Selbstversorger.

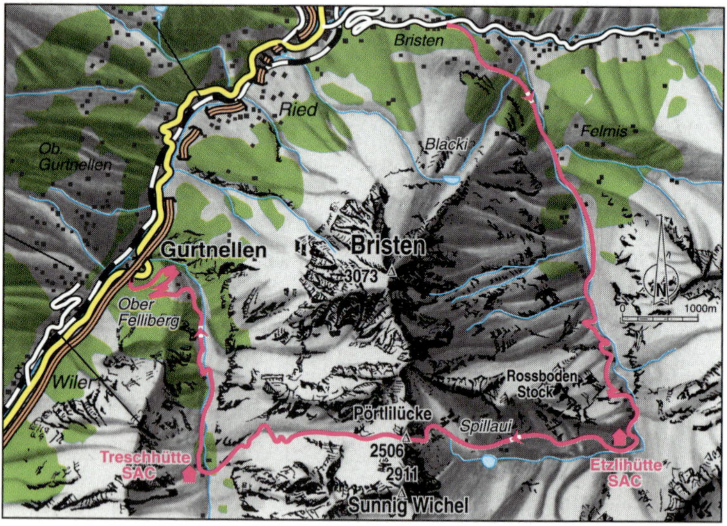

Von nahezu überall her am Urner See sieht man im Süden, über dem Reußdelta, die ebenmäßige Pyramide des Bristen (3070 m). Wer hätte nicht den Wunsch, dort hinaufzusteigen, um sich den Kanton Uri einmal aus der Vogelperspektive anzuschauen. Leider ist selbst die einfachste Route zum Gipfel schwierig. An seinem Sockel läßt sich der Berg dafür leicht umrunden, vom Maderanertal durchs Etzlital und Fellital bis ins Reußtal. Das vermittelt,

Die Pyramide des Bristen – einer der auffälligsten Gipfel am Urner See.

gestützt auf zwei günstig gelegene SAC-Hütten, ein starkes Erlebnis inmitten einer bizarren Hochgebirgswelt. Scheitelpunkt der Tour ist die 2500 m hohe Pörtlilücke, ein enger Einschnitt zwischen Bristen und Sunnig Wichel.
Einen Kilometer hinter dem Dorf **Bristen** am Eingang des Maderanertals zweigt rechts der Weg ins Etzlital ab. Dieser folgt dem gleichnamigen Bach bis kurz vor den Wasserfall und windet sich dann im Zickzack im Wald empor. Später geht es nahezu eben in den allmählich weiter werdenden Talgrund hinein. Die Vegetation bleibt langsam zurück, das Gelände wird rauher. Über drei kurze Talstufen gewinnt man Müllersmatt im Hinter Etzli und erreicht rechtshaltend bald darauf die **Etzlihütte** (2200 m). Wer zeitig dran ist, sollte nicht versäumen, im kurzen Nachmittagsbummel den nahen **Rossbodenstock** (2460 m) aufzusuchen. Ein schöner Überblick übers Etzligebiet und die ganze Maderanertal-Umrahmung entschädigt für die geringe Anstiegsmühe. Die nächste Etappe führt von der Etzlihütte oberhalb des einsamen Spillaui Sees westwärts im Gras und Geröll gegen die **Pörtlilücke** (2500 m). Die versteinerten Flammen gleich aufragenden Felszacken der Sunnig Wichel verleihen diesem Wegstück einen dramatischen Akzent. Aus der Lücke leitet eine Schuttrinne hinab ins Pörtli mit seinen zahlreichen erastischen Blöcken. Hinter der Pörtlistäfeli gelangt man in einem guten Dutzend Kehren ins grüne Fellital, wo rechts die kleine **Treschhütte** auftaucht (1475 m). Das letzte Teilstück verläuft dann im Talgrund gegen Norden bis **Ober Felliberg** (1127 m). Hier beginnt ein Alpsträßchen, das beim Steinbruch »Guetli« im Reußtal auf die Gotthardstraße trifft. Jetzt sind es noch knapp 2 km in südwestlicher Richtung zur Bahnstation **Gurtnellen** (760 m).

49 Weg der Schweiz

Jubiläumsweg rund um den Urner See

Rütli – Seelisberg – Bauen – Reußdelta – Flüelen – Tellskapelle – Sisikon – Morschach – Brunnen

Ausgangspunkt: Schiffsstation Rütli, 435 m.
Zielpunkt: Brunnen, 435 m, SBB- und Schiffsstation.
Höhenunterschied: Erster Anstieg von Rütli bis Beroldingen: 430 m; zweiter Anstieg von Sisikon nach Tannen: 400 m; dazwischen nur kurze Gegenanstiege.
Gehzeiten: Rütli – Flüelen 5½ Std. (19 km); Flüelen – Brunnen: 5 Std. (17 km) – insgesamt 36 km.
Anforderungen: Bestens markierter und gut ausgebauter Wanderweg; streckenweise Asphaltsträßchen; einige Abschnitte sind rollstuhlgängig; unterwegs zahlreiche Picknick- und Grillplätze
Sehenswürdigkeiten am Rande: Kapelle Maria Sonnenberg bei Seelisberg; Schloss A Pro und Frauenkloster St. Lazarus sowie die Barockkirche in Seedorf unweit des Reußdeltas.
Schiffsstationen: Treib, Rütli, Bauen, Isleten, Flüelen, Tellssplatte, Sisikon, Brunnen.
Einkehr und Unterkunft: Restaurants am gesamten Wegverlauf; Übernachtung am besten in Flüelen oder Sisikon; für Rucksackwanderer besonders geeignet das Hotel Axenstraße in Sisikon.

Der 700-Jahr-Feier der Eidgenossenschaft verdankt die Region am Vierwaldstätter See eines ihrer attraktivsten Freizeitangebote, nämlich den »Weg der Schweiz«. Im historischen Herzen des Landes, rund um den tief ins Gebirge eingeschnittenen Urner See, entstand im Jubiläumsjahr 1991 ein durchgängig markierter und ausgebauter Wanderweg, der von der Rütliwiese stets

Steilufer des Urner Sees bei der Rütliwiese.

der Uferlinie folgend bis nach Brunnen verläuft. Mal schlängelt sich der Weg dicht am Wasser entlang, mal steigt er höher hinauf und zeigt aus allen Blickwinkeln die Einzigartigkeit dieser Landschaft mit ihrem herrlichen Kontrast zwischen steilen Felswänden, dem Seespiegel, grünen Matten und hochaufragenden Gletschergipfeln. Die 36 Kilometer lange Strecke ist aber zugleich auch ein Gang durch die Geschichte der Schweiz. Gemäß seiner Einwohnerzahl ist jedem der 26 Kantone ein entsprechend langes Stück Weg zugeteilt worden, und die einzelnen Abschnitte reihen sich chronologisch aneinander (je nach Beitritt des jeweiligen Kantons in den Bund). Man beginnt also im Jahre 1291 mit »Uri« und endet 1979 mit »Jura«. »Zürich« zieht sich kilometerlang hin, während beispielsweise »Appenzell-Innerrhoden« in wenigen Schritten durcheilt wird. Da sich jeder Kanton selbst – mit unterschiedlichem Erfolg – um die Ausgestaltung seines Wegabschnitts bemüht hat, gibt es nebenbei manches über die einzelnen Landesteile zu erfahren. Wegen der engen Uferlandschaft führt die Route zwangsläufig an einigen Stellen dicht neben der Bahnlinie, der Kantonalstraße oder der Autobahn entlang. Wo immer möglich, fügt sie sich jedoch optimal in die Umgebung ein. Ein besonderes Vergnügen bereiten An- und Abreise mit dem Dampfschiff. Sieben Anlegestationen am »Weg der Schweiz« erlauben eine ganz individuelle Aufteilung der Strecke in Einzeletappen. Nur zügige Marschierer schaffen die Tour an einem Tag. Das erste Teilstück führt von der **Rütliwiese** (482 m), dem berühmten Schwurplatz von 1291, durch dichten Laubwald in weiten Kehren nach Breitlohn hinauf (776 m) und weiter auf der Dorfstraße nach **Seelisberg** hinein (846 m). Kurz hinter dem Prachtbau des heutigen »Yogi-Hotels« öffnen sich rechts die schönsten Ausblicke zum 400 m tiefer gelegenen Urner See. Dahinter bilden die Felsklippen der Mythen, der breite Fronalpstock und die scharf geschnittene Bristen-Pyramide eine einzigartige Kulisse. Dieses bezaubernde Bild begleitet den Wanderer eine ganze Weile. Es erfährt sogar noch eine Steigerung beim Rastplatz Marienhöhe am Rande des Tannenwaldes südlich von Seelisberg, wo man direkt zur Rütliwiese hinabschaut. Als nächste Attraktion folgt das hübsch renovierte Schlößchen **Beroldingen** (864 m) vor dem mächtigen Felsbug des Niderbauen-Chulm (Tour 11). Das aus dem 15. Jahrhundert stammende Gebäude selbst ist nicht zu besichtigen, wohl aber die nebenstehende Kapelle mit ihren sehenswerten Rokokostukaturen. Von Beroldingen verläuft ein Teersträßen leicht abwärts nach Wissig (775 m). Bevor der steile Abstieg nach Bauen beginnt, schaut man nochmals über den malerisch gelegenen Urner See tief ins Reußtal hinein. Die 260 Höhenmeter zur Schiffsstation Bauen werden auf insgesamt 850 steinernen Treppenstufen zurückgelegt, ein vorzüglich in die Natur eingepaßtes Wegstück, das gleichwohl gehörig die Knie strapazieren kann. Ab **Bauen** (430 m) wandert man längere Zeit direkt am Seeufer entlang. Anfangs bringen die zahlreichen kurzen Tunnels der alten Bauenstraße willkommene Abwechslung, hinter Isleten muß man jedoch häufig neben der Fahrstraße und später sogar unter der Autobahn entlang marschieren, kein reines Vergnügen! Nach dieser etwas ermüdenden Pflastertreterei mutet die stille Rietlandschaft des **Reußdeltas** am See-Ende geradezu erholsam an. Das Delta ist ein Naturschutzgebiet in der Schwemmebene der Reuß, ein wichtiger Lebensraum für selten gewordene Pflanzen und Tiere. Eine hölzerne Bogenbrücke überspannt schwungvoll die Reuß. Danach aber bleibt dem Wanderer der Gang durch ein Industriegebiet nach **Flüelen** hinein leider nicht erspart. In dem Feriendorf (Bahn- und Schiffsstation, zahlreiche Hotels) hat man gut die Hälfte des Weges zurückgelegt. Die Fortsetzung der Wanderung führt vom Hafen an den auffälligen »Schwurhänden« vorüber, einer monumentalen Eisenplastik aus dem Jahre 1964 zum Thema »Rütlischwur«. Am Quai entlang und durch das Wohnquartier Usserdorf verläßt man den Ort und biegt hinter dem tief eingeschnittenen Gruonbach in ein vortrefflich angelegtes Wegstück ein, das sich oberhalb des Sees im stetigen Auf und Ab zwischen Bahnline und Straße entlangzieht. Dort, wo die vorspringenden Wände der Axenflue das Ufer sperren, geht es rechts hinauf zur alten Axenstraße. Wegen ihrer kühn in der Fels gehauenen Tunnels, ihrer Felsenfenstern und Galerien war die Straße im Eröffnungsjahr 1865 eine Weltsensation. Heute gehört sie den Fußgängern bzw. Velofahrern und ist das technisch interessanteste Teilstück am Weg der Schweiz. Nach der Aussichtskanzel Axenegg verläßt man diese »Felswandatmosphäre« und gelangt über zahlreiche Serpentinen im Wald zu der direkt am Wasser gelegenen **Tellskapelle** hinab.

Wenige Schritte weiter folgt die berühmte **Tellsplatte**, an der sich der Nationalheld Wilhelm Tell durch einen kühnen Sprung aus dem Boot seiner Häscher an Land gerettet haben soll. Historisch verbürgt ist das natürlich nicht, aber man möchte es angesichts dieses geheimnisvollen Platzes am See gerne glauben. Von der Tellsplatte schlängelt sich ein romantischer Uferpfad um mehrere Felsnasen herum bis vor das Grawegg. Einige Spitzkehren leiten nun zur Axenstraße zurück. Auf der alten Trasse erreicht man wenig später das Dorf **Sisikon**. Dort beginnt der lange, bequem angelegte Aufstieg nach Tannen bzw. Morschach, den Kenner für den schönsten Abschnitt der ganzen Tour halten. Der Rückblick über Sisikon hinweg gegen den Urirotstock gehört zu den stärksten Eindrücken am Urner See, und weiter oben, bei der Alpsiedlung Tannen (835 m), glaubt man in einen Fjord hinabzuschauen, so tief und eng liegt der blaue Wasserspiegel zwischen den schroffen Felspartien von Niderbauen, Oberbauenstock und Rophaien eingebettet. Von Tannen senkt sich ein Asphaltsträßchen hinab zur Gemeinde **Morschach**, einer früher vielbesuchten Sonnenterrasse 200 m hoch über dem See. Die Zeiten des Feudaltourismus mit ihren pompösen Hotelbauten, die das Dorfbild dereinst prägten, sind jedoch lange vorbei, und nur das umgestaltete Hotel Axenfels und die Aussichtskanzel »Axenstein« erinnern noch an diese Epoche. Hinter Morschach bleibt der Urner See allmählich zurück. Man passiert den ehemaligen Axenstein-Waldpark mit seinen knorrigen Mamutbäumen und taucht dann in den Ingenpohler Wald ein. Riesige Findlinge und das zum Rundpavillion ausgestaltete »Chänzeli« sind die letzten Stationen auf dem Abstieg nach **Brunnen**, wo der Weg der Schweiz mitten im Dorf am Ochsenplatz endet.

Zu Füßen des Rophaien liegt Sisikon am Urner See.

50 Waldstätter Weg

Rund um den Vierwaldstätter See

Brunnen – Gersau – Vitznau – Weggis – Herthenstein – Greppen – Küssnacht – Meggen – Luzern –Tribschen – Renggpaß (– Alpnachstad) – Stansstad – Hammetschwand – St. Jost – Beckenried – Rütli

Ausgangsort: Brunnen, 435 m, SBB- und Schiffsstation.
Zielort: Rütliwiese, 483 m, Gasthaus, Schiffsanlegestelle.
Länge: 105 km; mit Alpnacher See 114 km.
Gehzeit: Etwa 30 Std., mit Umrundung des Alpnacher Sees 33 Std. (5 Tagesetappen).
Höhenunterschied: Insgesamt ca. 2200 m; davon entfallen 450 Höhenmeter auf den Anstieg zum Renggpaß und 700 Höhenmeter auf den Anstieg zum Bürgenstock.
Anforderungen: Einfache Wanderung auf gut markierten Wegen.
Einkehr und Unterkunft: In zahlreichen Gasthäusern und Hotels am Weg.
Schiffsstationen: Brunnen, Gersau, Vitznau, Weggis, Herthenstein, Küssnacht, Meggen, Meggenhorn, Lido, Luzern, Kastanienbaum, Alpnachstad, Stansstad, Ennetbürgen, Buochs, Beckenried, Treib, Rütli.
Hinweis: Aufgrund der guten Verkehrsverbindungen kann man die Wanderung an zahlreichen Stellen unterbrechen bzw. wiederaufnehmen.

Am Vierwaldstätter See in Luzern.

Zur 700-Jahr-Feier der Eidgenossenschaft entstand 1991 nicht nur der berühmte »Weg der Schweiz« am Urner See, sondern auch der Waldstätter Weg, der von Brunnen über Luzern bis Rütli um die übrigen Wasserarme des Vierwaldstätter Sees herumführt. Mit 105 km ist er erheblich länger als der »Weg der Schweiz«; schließt man den Alpnacher See mit ein, sind es sogar 114 km. Über weite Strecken trägt er den Charakter eines Uferweges. An den Berglehnen von Rigi und Pilatus steigt er allerdings höher hinauf. Einmal erklimmt er sogar einen ansehnlichen Voralpengipfel, den 1128 m hohen Bürgenstock. Ganz so dramatische Akzente wie der »Weg der Schweiz« vermittelt der Waldstätter Weg indes nicht. Er erschließt eine eher ruhige Landschaft, läßt weit über das Seebecken schauen und zeigt vorspringende Halbinseln sowie zurückgezogenen Buchten mit ihren stattlichen Dörfern. Nicht alle Etappen sind gleich interessant, manches Asphaltsträßchen kann reichlich monoton wirken. Aber das Besondere liegt darin, den verschlungenen Vierwaldstätter See quasi einmal zu umrunden und den Zauber seiner Bergwelt aus allen Perspektiven zu erleben.

In **Brunnen** schließt der Waldstätter Weg nahtlos an den »Weg der Schweiz« an. Die ersten Kilometer müssen neben der Straße Richtung Gersau zurückgelegt werden. Umso schöner ist hernach der in Brunnischart beginnende Waldpfad am südlichen Rigihang, der 200 m oberhalb des Sees durch eine südländisch anmutende Vegetation am Aussichtspunkt Oberholz vorbei zum Totenlauizug leitet. In dieser schnurgerade zum See herabziehenden Runse sollen in früheren Zeiten die Leichen verstorbener Anwohner der höher gelegenen Alpen auf wenig pietätvolle Weise direkt zu Tale befördert worden sein. Im Anschluß senkt sich der Weg allmählich hinab zur Neubausiedlung Rüteli. Wenig später ist man in **Gersau**, einem geschichtsträchtigen Dorf, das von 1390 – 1817 in seiner politischen Eigenständigkeit als die kleinste Republik der Welt galt. Der nächste Wegabschnitt benutzt großteils den wiederhergerichteten historischen Saumpfad unterhalb des Gersauer Stocks nach **Vitznau**. Die Strecke schenkt schöne Ausblicke und berührt die engste Stelle am Vierwaldstätter See, die zwischen Ober Nas bei Vitznau und Under Nas am gegenüberliegenden Bürgenstock kaum 800 m mißt. Etwas steiler wird es auf der folgenden Etappe von Vitznau nach Weggis, durch die sogenannte »Riviera von Luzern«. Besonders anregend ist hier der Abstieg vom Aussichtspunkt Allmig (P.774) auf dem mit Holztritten und zwei Metalleitern gesicherten »Orenfad« in den Nagelflue-Bänken der Rigi. Ziemlich ernüchternd wirkt hernach das längere Stück Fahrstraße bis zum »Rigiblick« bei **Weggis**. Der Waldstätter Weg zieht oberhalb des Dorfes vorbei zu der weit in den See vorspringenden Halbinsel **Herthenstein**. Teils im Wiesengelände, teils im Wald (Pflanzenschutzgebiet) geht es nun am unverbauten Ufer in genußvoller Wanderung nach **Greppen** hinein. Weniger schön sind die anschließenden Straßenkilometer bis **Küssnacht**. Auch der weitere Weg nach Luzern verläuft, obgleich mit viel Geschick angelegt,

Luzern
Meggen
Greppen
Weggis
Vierwald-
Horw
Kehrsiten
Bürgenstock
1129
Obermatt
Hergiswil
Stansstad
Ennetbürgen
Buochs
Alpnacher See

Zuger See
Rigi Kulm
1798
Rigi
Goldau
Lauerzer See
Lauerz
Vitznau
Gersau
ätter See
Rütli
Seelisberg
1108
derdorf
Beckenried
Emmetten
N
0
1000m

wegen der dichten Uferbesiedlung mehr oder weniger auf Hartbelag. Langweilig ist er jedoch keineswegs. Den aussichtsreichen Anhöhen von Allmig folgen die schattigen Parks der alten Villen in **Meggen**; das im Renaissancestil erbaute Schloß **Meggenhorn** thront in herrlicher Lage über einem Weinberg, und die bei Lido beginnende begrünte Uferpromenade von **Luzern** führt an feudalen Grandhotels vorbei geradewegs ins Zentrum der Stadt. Ebenso unberührt von Verkehr gelangt man auf der anderen Seite wieder zur Stadt hinaus. **Tribschen** heißt die nächste Station. Der schön gelegene klassizischtische Landsitz war Wagners Aufenthaltsort während seines Schweizer Exils 1866 – 1872. Heute beherbergt das Gebäude ein Richard-Wagner-Museum sowie eine wertvolle Instrumentenausstellung. Bald darauf verläßt der Waldstätter Weg das Seeufer und steigt zur Kuppe mit der treffenden Bezeichnung »Seeblick« herauf. Der ruhige Wasserspiegel vor den scharfgeschnittenen Konturen der Voralpengipfel verleiht dem Ausblick eine eigene Faszination. Ähnlich tief bewegende Bilder begleiten den Wanderer in der parkartigen Landschaft der **Horwer Halbinsel**. Die Ortschaft Horw selbst wird umgangen. Der Weg berührt nur das ehemalige Fischerdörfchen Winkel, dessen gut erhaltenes Zollhaus an die Zeiten der Handelsschiffe auf dem Vierwaldstätter See erinnert. Reizvoll ist auch der kurze Abschnitt von Winkel durch das unter Naturschutz stehende Steinibachried nach Ennethorw. Hier beginnt nach vielen Flachkilometern wieder eine Bergetappe, nämlich der Anstieg zum Renggpaß. Beherrschender Gipfel auf dieser Strecke ist der Pilatus. In seiner Flanke wandert man nach steilem Auftakt bequem über sanfte Matten, kleine Bachtobel und durch eingelagerte Wäldchen am Bergrestaurant **Brunni** vorüber zur kleinen Renggkapelle. Hübsch ist der Rückblick gegen Luzern und die langgestreckte Rigi am anderen Seeufer. Zwei Kehren noch, dann steht man im engen **Renggpaß** zwischen Pilatus und Lopper, 883 m, dem historischen Übergang von Luzern ins Obwaldener Land. An dieser Stelle gabelt sich der Waldstätter Weg. Die Alpnacher Route zieht südwärts hinunter nach **Alpnachstad**, umrundet den Alpnacher See und führt durch die wilde **Rotzschlucht** ins Feriendorf Stansstad. Der direkte Weg über den Lopper nach **Stansstad** ist 10 km kürzer. An zwei Stellen überrascht der dicht bewaldete Lopper mit zauberhafter Aussicht. Beim Schofeld schaut man über den Alpnacher See und das Sarner Tal bis in die Berner Hochalpen hinein, und später öffnet sich beim P.696 ein atemberaubender Tiefblick auf Stansstad. Dort unten, am Fuße des Bürgenstock, treffen beide Routen wieder zusammen. Mit dem Bürgenstock, dem »Feriensitz der Millionäre«, beginnt jetzt im doppelten Sinne der Höhepunkt der gesamten Tour. Der erste Teil des Anstieges erfolgt über den alpin anmutenden Schildgrat. Hinter den großen Hotelkomplexen schließt sich der 1992 wiedereröffnete »Felsenweg« an, die Königsetappe des Waldstätter Weges. Auf einer Länge von drei Kilometern verläuft diese zum Teil aus dem Fels gehauene, teils als schwebender Steg in der Wand

St. Jost am Vierwaldstätter See; hinten Niderbauen und Oberbauenstock.

verankerte Aussichtspromenade 500 m hoch über dem Seespiegel bis zum Chänzeli. Unterwegs kommt man am Hammetschwandlift vorbei, mit 160 Metern der höchste Personenaufzug der Welt. Zu Fuß erreicht man **Hammetschwand** im kurzen Abstecher vom Chänzeli aus. Vom obersten Bürgenstock-Gipfel (1128 m) genießt der Besucher aufgrund der exponierten Lage zwischen See und Gebirge ein Panorama, das dem von Rigi oder Stanserhorn nur wenig nachsteht. Der anschließende längere Abstieg am zerklüfteten Mattgrat endet bei **St. Jost**. Kurz oberhalb der Kapelle lichtet sich plötzlich der Wald und gibt den Blick frei zum Buochser Seebecken, das wundervoll eingerahmt wird von den Nidwaldner Bergen. Der Marsch von Ennetbürgen nach Buochs und weiter nach **Beckenried** bringt wenig Abwechslung – der lange Autobahnviadukt beherrscht zunehmend die Landschaft. Danach wird es allerdings noch einmal spannend: Ein Fußweg windet sich in der tosenden **Risletenschlucht** hinab und quert auf der anderen Seite gut abgesichert den Stützberghang. Zuletzt umrundet der Waldstätter Weg im weiten Bogen die Landzunge von Seelisberg und mündet kurz vor der **Rütli-Wiese** in den »Weg der Schweiz« ein.

Stichwortverzeichnis

Die Zahlen hinter den Begriffen geben die Seitenzahlen an.